JN097563

トッド・ウィタカー／マデリン・ウィタカー／
キャサリン・ウィタカー［著］
稲垣みどり［訳］

Your *First* Year

How to Survive and Thrive as a New Teacher

教師1年目「指導スキルの磨き方」

東洋館出版社

Your First Year

本書は、教師を目指す学生、1年目の教師にぜひ読んでほしい内容です。教室の体系立てと学級経営の実践的なアドバイスは貴重ですし、大切な交流に関するヒントは、より多くの若い教師が仕事を続けるのに役立つでしょう。この本には、子どもたちに影響を与える教師になるための本質が書かれています。

チャールズ・ケント・ラニヤン
ピッツバーグ州立大学教育学部教授

How to Survive and Thrive as a New Teacher

教師1年目

教師1年目を成功させるのに大切なことを、すべて学びましょう。本書は、世界的に著名な教育者トッド・ウィタカーが娘二人とチームを組んで執筆しました。マデリンは中学校の教師、キャサリンは高校の教師で、全員で皆さんへのヒントやアドバイスをお伝えしていきます。

これから教師の仕事を始める人に向けて、多くの人が陥りがちな困難にどう対処すればいいのか、以下のようなトピックを一つひとつ解説していきます。

●学級経営のスキルを学ぶ：信頼関係を築き、高い期待を維持し、一貫性を保つ。
●教室を整え、手順とルールを確立する。
●成果を上げる授業を計画し、子どもたちが集中して学べるようにする。
●教室で自分の感情をコントロールして、不適切な態度に対しても効果的な対応を取れるようにする。
●同僚や管理職、保護者と一緒にサポート体制を築き、協力を強化する。

本書では、小学校、中学校、高校のクラスでの具体的な例やエピソードをたくさん取り上げています。あなたがどの学年を担当していても、どの教科・科目を教えていても、きっと役に立つ戦略を見いだしていただけることでしょう。

また、物事が計画通りに進んでいないときに微調整したり、思い切ってリセットしたりする方法も学べます。教師1年目は、全部が完璧にはいかないかもしれません。でも本書では実践的なアドバイスを通じて、あなたが成功への道を歩み続けるモチベーションを保つ手助けをしていきます！

ボーナス：本の内容を他の人たちと話し合うことで、この本をさらに役立てることができます。教師や教師を目指している学生たちのために、無料で利用できるスタディー・ガイドを用意しましたので、ウェブサイトからダウンロードしてください（※英語でのＰＤＦデータ）。

https://www.routledge.com/9781138126152

目次

SECTION 2

SECTION 3

大人との協働

一番特別な職業

おめでとうございます！

この本を読んでいるのなら、あなたは自分の人生、キャリアに変化をもたらす選択をしたということです。

考えてみてください。あなたは自分のスキルや能力を活かして、子どもたちが高みを目指すための力になろうと決めたのです。すごいことです！

子どもたちが教室に入ってくるときのワクワクする感覚を忘れることがあったら、思い出してください。あなたが、どれだけ多くの人たちに影響を与えているかを。毎日、あなたは変化をもたらします。あなたが教師を志したのはそういう理由で、それが現実のものとなっていますように。

ただ、次第に他の現実も見えてきて、さまざまな疑問が湧いてくることでしょう。

「子どもたちが話を聞かなくなったら、どうすればいい？」

「怒っている保護者にはどう対応すればいい？」
「どうすれば十分な睡眠時間を確保できるの？」

そして何より大事なことですが、

「トイレに行く時間はどこにあるの⁈」

毎日が、違う1日です。そして毎日が特別な日です。毎日がチャレンジです。でもあなたは、そのチャレンジに挑むことができます！

心に響く感動の瞬間もあれば、「どうしてこんなことになっちゃったんだろう」と思うときもあるでしょう。思わず泣きたくなる（実際に泣く）こともあるでしょう。教師になると決めたときから、わかっていたことです。もしかしたら、それが教師になろうと決めた理由かもしれません。

あなたは「ただの先生」になりたいわけではありません。**「あの先生」**という存在を目指しています。影響を受けた教師の存在があるから、あなたも他の人に影響を与える教師になりたいと願っています。

翌年も、その次の年も、子どもたちが訪ねてきてくれるような教師です。教室にいる子どもたちの人生に、変化をもたらす教師です。いいことを教えてあげましょう。あなたはそういう教師になれます。あなた次第なのです。あなたは、無限の可能性を秘めた子どもたちを受け持つことになります。その子たちは世界を変えることもできますし、最新のテクノロジーを発明することも、あるいは癌の治療法を見いだすかもしれません。

そんな子どもたちと過ごすのは楽しいものです。日々、驚かされることの連続です。その才能と賢さに、少しは自分も貢献していると自負してもいいくらいです。ぜひ、そうすべきです。

また、少し課題がある子どもたちも受け持つことでしょう。家庭環境かもしれませんし、スキルや態度かもしれません。原因はその子自身にあるのかもしれませんし、そうではないかもしれません。

こうした子どもたちと向き合うときには、忍耐力や能力が試されます。子どもたち全員に手を差し伸べられる教師は、一部の子どもたちだけに手を差し伸べられる教師とは、まったく違います。ときにはもどかしく感じることもあるかもしれませんが、「わかった!」という日の輝きや、大きな概念をつかんだときの笑顔、できると気づいてやる気を出したときの熱意に触れたとき、

「この職業を選んで本当によかった」と実感するはずです。

教師になって1年目に受け持つ子どもたちを、あなたは忘れることはありません。

他の子どもたちは記憶から薄れていくかもしれませんが、初めて受け持った子どもたちは、記憶にも心にもずっと残るものです。最初の教え子たちはどこか特別で、忘れがたいのです。そしてあなた自身も、忘れがたいと思われるような教師になっていかなくてはなりません。それが、『Your First Year』を書いた理由です。しっかりと心してください。これまで経験したことのない旅になるはずです。刺激的で、うきうきする旅です。想像したこともないけれど、求めていたものがすべて詰まっている、そんな体験です。

教えることを選んでくれて、ありがとうございます。
変化をもたらすことを選んでくれて、ありがとうございます。
気にかけることを選んでくれたことに心から感謝します。

この本の使い方

『Your First Year』は、いく通りもの使い方をしていただけるようにデザインされています。大学生のうちに手にとって通読する、あるいは教師1年目に、手引きとして参照するのもいいでしょう。「学級開きの前に準備しておきたい」と思うことを網羅するガイドとしても、ぜひ活用いただきたいです。さらには何か困ったこと（あるいは危機！）があったときに、すぐにページを捲って解決法を見つけたり、思い出したりするのにも役立つはずです。

『Your First Year』は小学校、中学校、高校の教師を対象としていて、さまざまな状況での事例を紹介しています。できるだけ具体例を挙げて、期待値の設定の仕方、子どもたちや保護者とのコミュニケーションの取り方、教室の準備のやり方を正確に理解できるようにしました。

もちろん、皆さんはいろいろなバックグラウンドや経験をお持ちのことと思います。ずっと学校が好きで、ご両親も教師だったり、熟練した教師のもとで教育実習の指導を受けたり、あるいはこれから受ける、という人もいるでしょう。また、そうした機会には恵まれなかった人も。いずれにしても、**この本はあなたの教師1年目を成功に導きます。**

本書では学級経営を中心にした話題が、かなり多いと感じるかもしれません。新任の教師たちによると、それが教師を始める前に一番不安なことであり、教師1年目で（ときには、その後何年も）難しいと感じることだからです。教えるに当たって皆が一番頭を悩ませている分野なので、新任の先生方をサポートすべく、内容を充実させるのが大切だと考えました。学級経営がうまくいっていても必ずしも成果を上げられるとは限りませんが、もし学級経営がうまくいっていないのなら、成果を上げるのはまず無理だと言ってもいいくらいです。

学内外の大人たちとの連携についても、ガイダンスを示しています。さまざまなことを共有し、学び合える同僚は、本当に心強い存在です。また、保護者たちとうまくコミュニケーションをとって、サポートしてもらえるようにするのも大切なことです。でもときには、利己的な人と接しなければならない場面もあるでしょう。そのときにしっかりと対応できるようにしておくと、教師1年目はより楽しい時間となります。

最後に、ぜひみなさんの声をお聞かせください！　ご自身の体験を私たちや他の人たちにシェアしたいと思われたら、ツイッターで#YourFirstYear のタグをつけて投稿してください。一緒に学び、笑い、成長していきましょう。では、本書をお楽しみください。

すばらしい教師1年目を！

SECTION 1

子どもたちがやってくる前に

――体系立て、体系立て、体系立て

1

教室を整え、準備する

教師は複雑な職業であり、優れた教師になるにはさまざまなアプローチが必要です。新任教師として、学校が始まる前後の数週間に集中すべきことは一つ。それは**学級経営**です。ワング、ハーテル、ワルバーグは子どもの学びの達成度への影響に関する大規模なメタ分析の研究（1993年）を行いました。その結果、何よりも影響があるのは学級経営だということがわかっていま す。また、ほとんどの教師が一番ストレスを感じているのは、子どものしつけの問題だという調査結果も出ています。

教師1年目にはまだわからないこと、うまくいかないことが次々と出てくるでしょう。でも少なくとも体系立てや手順に関しては、そういうことのないようにしたいものです。

鍵を渡される教室がどのくらい広いか、近代的か、魅力的か、居心地がいいかなどは選べないかもしれませんが、その教室をどう使うかは、完全にあなた次第です。『教えるためのツール：規律、指示、動機（Tools for Teaching: Discipline, Instruction, Motivation, 3rd Edition）』（2013年）の著者、フレッド・ジョーンズを含む多くの研究者や教育の専門家は、教室のしつらえの重要性を説いています。教室の準備には（あるいは前年度に使われたままになっているのを片づけるには）、考えなければならないことが二つあります。**家具**と**教材**です。

家具

家具に関しては動線や機能性、体系立てを考えなくてはなりません。基本的な学級経営の問題の多くは、子どもたちが教室に入ってくる前に、家具を機能的に配置することで対処できます（ジョーンズ、２０１３年）。まずは、以下の問いに対する答えを考えましょう。受け持つ子どもたちは何人ですか？　机と椅子の数は足りますか？　初日から順調なスタートを切るには、教室をどのような配置にするのが効果的でしょうか。クラスの人数によって、しつらえは変わります。ここで、二人の先生が学級開きの前にどのように教室を準備したのか、具体例を見ていきましょう。

ジョージ先生は中学校の理科の教師で、教える生徒は1クラス30～35人です。そして一番小さい教室の一つを割り当てられたので、スペースの使い方が限られます。また、これだけ大人数を受け持つのに少し緊張していて、クラスの方針や手順を生徒に説明するのにどういう配置が一番いいのか考えています。ジョージ先生の場合、まずは机を等間隔に整然と並べるのがよさそうです。机間の移動がスムーズですし、生徒同士のおしゃべりなども少なくて済みます。本当は机をグループに分けて、実験のときに作業しやすいようにしたいのですが、机の配置を変えるのはあとからいくらでもできると、わかっています。年度初めの目標は、体系立てを行い、秩序を確立することです。手順やルーティーンを導入した後に机をグループに動かせばいいのです。どんな場合でも体系立てたものを崩すほうが、逆よりも楽です。

グラント先生は小学校の教師で、25人の子どもたちを受け持っています。教室が広いため、空間の使い方を比較的自由に考えられます。クラス全体に指示をするときは、カーペットに座ってもらおうと思っているので、机はグループに分けて並べることにしました。25台の机を5台ずつのグループにして、黒板の前のスペースはカーペットを敷くために空け、教室のうしろの窓の横は学級文庫の場所に決めました。グラント先生の教室のほうが創造力を発揮できる余地があるものの、大切にしている点は同じです。それは動線、機能性、体系立てです。ジョージ先生のクラスと見た目が違うのは、教室や子どもたち、ニーズ、しっくりくる感じなどが違うからです。

教室のセッティングに関し、最後に、そしておそらく一番大事なのは、**常に子どもたち全体の様子を把握できるようにしておくこと**です。キャビネットに隠れている机があったり、読書スペースがテクノロジーセンターのうしろにあったりしたら、何か問題が起きてもおかしくありません。教室の中に子どもたちが「隠れ得る」場所があるからです。もちろん、天使のような子どもたちばかりで、隠れるようなことはしないかもしれませんが、新任教師はこうしたリスクを避けるようにします。そのほうが、何か問題が起こってから対処するよりずっと楽です。

教材

教室の準備で次に大切なのは、教材です。必要なもの、定期的に利用するものはすぐに出せるようにしておきましょう。一方、あまり使わない教材は整理して片づけておき、必要なときには取り出せるようにしておきます。あなたと子どもたちが毎日使うものは何でしょう。鉛筆？　ノート？　教科書？　それほど使用頻度が高くないけれど必要なものは何ですか？　ハサミ？　計算機？　算数用の積み木？　もしかしたら過去の指導書など、前任者の残していった使い道のわからない教材もあるかもしれません。そうしたものはどうすればいいのか、同僚や管理職に聞きましょう。もしとっておくべきものなら、邪魔にならない場所に保管しておきます。

小学校3年生を受け持っているスミス先生は、教室を準備するときに子どもたち一人ひとりに携帯用のホワイトボードとクリップボードを準備し、椅子のポケットに入れておくようにしました。定期的に使おうと思っているからです。そして、使用頻度の低そうなバインダーはキャビネットに片づけるようにしました。ノートも初めのうちはまったく使わないだろうと考え、使うタイミングが来たらすぐに出せるようにキャビネットに入れておきました。

ジェンキンス先生は高校の英語の教師で、やはり教材の置き場所についてはよく考えています。ほとんどの生徒が初日にはノートを持参するだろうと思いましたが、念のため自分のそばにも多めに準備しておきました。また、机の上には削った鉛筆を入れたコップを置き、忘れた生徒が使えるようにしました。授業のあとに回収できるよう、貸し出しシートも横に準備しました。窓の下に設置したキャビネットにはクラス毎に分けて教科書を置き、効率よく配布できるようにしておきました。

子どもたちが教室にやって来る前にできるだけ準備をしておけば、学校が始まったときにうまくいく確率が高まります。まずは家具と教材から手をつけるといいでしょう。準備をしておけば、一番大切なことに十分に時間を充てることができます。それはもちろん、子どもたちに教えることです。

2 手順を確立する

教室を整えて1年の準備をすると同時に、子どもたちに期待すること、手順についてもじっくり考えなくてはなりません。あなたと子どもたちが、クラスを滞りなく円滑に「運営」していくための基本ルーティーンです。

研究によると手順は、予防的で効率のいい学級経営の重要な要素で、子どもたちの学びや行動に影響を及ぼす可能性があることがわかっています（マルツァーノ他、2005年）。手順について積極的にしっかりと考えることで、子どもたちの状態やクラス全体の雰囲気は大きく変わってきます。

きちんとした手順があれば、問題行動は起こりにくく、穏やかで建設的な雰囲気になるでしょう。

以下に挙げたのは、担当する学年にかかわらず考えておくべき、手順の例です。

■ **鉛筆**：子どもたちが使いたいとき、どうしますか？　鉛筆を削るにはどうすればいいですか？　忘れた場合はどうすればいいでしょう？　消しゴムが必要なときはどうしますか？

■**ノート／教科書**：子どもたちは毎日、ノートや教科書を持ってくるようにしますか？　もし学校に置いておくなら、どのように配りますか？　持ってくるのを忘れた場合にはどうしますか？

■**宿題**：提出場所、または回収方法はどうしますか？　採点した後、どのように返却しますか？

■**遅れ**：休んだとき、その間の情報はどこで入手できますか？　遅れを取り戻す補習について、どのような仕組みにしますか？

■**トイレ**：子どもたちはどのくらいの頻度で使用できるようにしますか？　トイレに行きたいとき、子どもたちはどうすればいいですか？　子どものトイレの回数を記録しておく必要はありますか？

■**テクノロジー**：教室のＩＣＴ機器をどのように保管しますか？　ポータブルな機器は、どのように配りますか？　放課後、デバイスを充電する必要はありますか？

■**携帯電話、タブレット端末、私物のデバイス**：学校の方針はどうなっていますか？　子どもたちが使っていいのはいつですか？

■**教室に入る**：帽子は脱ぐようにしますか？　静かにしますか？　まっすぐに自分の席につくべきでしょうか。どんな作業を始めますか？

■**教室を出る**：あなたが声をかけますか？　ベルが鳴ったら退出していいことにしますか？　順番に並ぶなど、決まりをつくりますか？　静かに並ぶようにしますか？

ほとんどの教師に当てはまる基本的な手順の他、あなたの教室だけに当てはまるものもあるでしょう。

たとえば小学校1年生の教師なら、子どもたちのかばんやお弁当の置き場所を考えておかなければなりませんし、高校の化学の教師なら、実験用のビーカーの保管場所や使用方法について考えるかもしれません。教室の中で動いてみて1日をどう過ごすかを想定して、準備しておくべき手順をリストアップしましょう。

次ページにもう少し広範囲に、手順を用意しておくとよいかもしれないものをリストアップしました。すべてを網羅しているわけではありませんが、教室での手順を考える参考になるかと思います。そして、子どもたちの状況や不測の事態などに応じて、おそらく調整が必要になることも心に留めておきましょう。その上で、このリストを使って、できるだけ準備をしておいてください。

■手順が必要となるもののチェックリスト

- □ ティッシュペーパー
- □ 子どもの質問の仕方
- □ 図書室／学級文庫からの本の貸し出し
- □ 教室での飲食
- □ 毎日は使わない教材の保管や配布（クレヨン、色鉛筆、はさみ、のりなど）
- □ 出欠の確認
- □ 火災避難訓練
- □ 始業／ルーティーン
- □ 終業／ルーティーン
- □ 竜巻避難訓練
- □ 紛失物
- □ ゴミ捨て／リサイクル
- □ 教室での係
- □ 終わらなかった作業
- □ テクノロジーの種類と活用
- □ 地震避難訓練
- □ 作業の遅れ
- □ 補習
- □ 座席の配置
- □ 遅刻
- □ 許容できる騒音レベル
- □ 授業中の発言や参加
- □ グループに分かれる／グループを選ぶ
- □ ロックダウン・ドリル（不審者の侵入に備え、鍵をかけて身を隠して安全を図る訓練）
- □ 急病
- □ 終業時の退出

手順を考えるべきことが多すぎて、初めは気が遠くなるかもしれません。でも大丈夫です。もうすでに解決済みのものもあるはずです。たとえば、学校の廊下での歩き方や図書室での本の貸し出し、避難訓練などはすでに決まったやり方があるかもしれません。そのほかメンターや同僚の先生に聞く、さらにはインターネットで検索するなどの方法が考えられます。

手順に関しては、準備不足よりは準備しすぎるくらいのほうがいいのです。

実際のところ、どんなに準備をしてもしすぎということはありません。たとえば、子どもがトイレに行くのに記録をとる必要があるかどうか迷ったら、まずは記録するところから始めましょう。

特に記録しなくても問題ないとわかったら、そのときにやめればいいのです。逆に記録があると便利だとわかったら、「初日から始めていて正解！」と思うでしょう。繰り返しになりますが、学校が始まってから体系立てたものを崩すほうが、後から厳しくするよりずっと楽なのです。

3 ルールを確立する

教室の準備の仕上げに、クラスのルールを考えましょう。多くの研究で、明確なルールづくりの重要性が論じられています（マルツァーノ他、２００５年）。ルールは手順とは違います。もっと広く子どもの行動に関わることで、破られたときには何らかの結果を伴うものです。日々子どもたちに課し、あなたがどんな教室を育んでいきたいかを反映するもので、しっかりとした準備が必要です。

初日から教室の壁にルールを貼っておく教師もいます。子どもたちと一緒にルールをつくっていき、当事者意識を高めようとする教師もいるでしょう。あるいは、子どもたちが馴染んでいる学校のルールをそのまま適用することにして、初日に触れるだけにする教師もいます。中学校の熟練した教師は、教室にルールを貼り出すことはしないかもしれませんが、それでも頭の中に明確なルールや目標を持っています。**あなたがどんなタイプの教師であっても、どういうルールを設定したいのか、明確なビジョンを持つことが大切です。**

ルールは教師の理念に基づき、クラスの雰囲気を牽引すべきものです。意識的にルールを決めていない教師も、実は無意識のうちにどこかでルールに基づいて動いています。教師１年目であれば、ベテランの教師のようにクラスのルールを明確に定義するのはきっと難しいでしょう。したがってどういうクラスにしたいのか、そのためにはどんなルールが必要なのかをじっくり考えなくてはなりません。

ルールは効果的に運用されれば教師の理念を反映し、クラスの雰囲気をつくるものだということを覚えておきましょう。あなたはクラスをどんな雰囲気にしたいですか？　そのためにはどのようなルールがあればよいでしょうか？　個人的に譲れないものは何ですか？　さらには、「思い切ってやってみる」など、従来にはないようなルールを入れるのに、ためらうことはありません。

私たちはこうしたルールを「カルチャーを育む」ルールと呼んでいます。ルールの背景にある動機が「カルチャーを育む」ものだからです。ほとんどのルールは、不適切な行動を律するものです。でも、クラスにポジティブな雰囲気をもたらすためのルールもあってよいのです。たとえば、「思い切ってやってみる」というルールは、子どもたちが粘り強く成功を目指すのを促進します。「課題をすべて終える」だと動機づけが弱いのと、遅れがちな子どもにとっては守れるルールですらないかもしれません。

次のページに教室のルールの例を挙げました。自分が使いたいと思うルールはどれか、考えてみてください。そして**一旦設定したら、「一貫して毎日運用しなければならない」と覚えておき**

ましょう。少しでも運用をためらわれるようなルールは、外しておくのが無難です。初年度の年頭ならなおさらです。ワシチコとロス（１９９４年）はこう言っています。「矛盾という落とし穴を避けるには、言ったことに責任を持ち、実行すること」（64ページ）。

ルールに目を通しているうちに、想像しうる限りのさまざまな不適切な行動に対する長いリストをつくりたくなるかもしれません。でも、ルールが細かすぎると教師の負担が増え、逆効果になることがあります。したがってルールを決めるときは数を多くせず、何をしてほしくないかではなく、できるだけ**「何をしてほしいか」**を考えるようにします。

☑安全でいる
☑課題をすべて完成させる
☑一人ずつ
☑時間を守る
☑準備をする
☑話すときは手を挙げる
☑リスクをとる人になる
☑テクノロジーを適切に使う

☑他の人や持ちものに敬意を払う

ここで、ルールについて考え抜くプロセスを経た教師の例を二つ紹介します。ルールについて考える参考にしてみてください。

ポッター先生は小学校1年生を受け持っています。子どもたちは、年齢的にまだそこまで自立していないため、具体的なルールが必要だと考えました。まず、はじめに決めたのは「クラスメイトと先生を敬う」でした。メンターの教師が同じルールを設定していて、子どもたちが問題を起こしたときに、このルールに触れていたのを知っていたからです。

次に「席を立つときは手を挙げること」と書き始めたものの、自分のクラスには合わないと気づきました。小グループでの指導を行うときに子どもたちに自主的に動いてもらったり、教材を取りに行ったりしてもらおうと思っていたからです。自分の教室にはどのルールが最適かを考え抜き、以下四つのルールに落ち着きました。

1 クラスメイトと先生を敬う。
2 他の人が話しているときは、静かに聞く。
3 指示には最初の1回で従う。

4　作業の変更は静かに行う。

ウィルソン先生は、私立の高校3年生のAP（上級）クラスの英語の教師です。学内でも指折りの優秀な生徒に対しては、行動に関するルールではなく、学習に関するルールを設けることにしました。また、自分がAPクラスを受けていたときに退屈だと感じていたのを思い出して、「カルチャーを育む」ルールで、クラスの雰囲気を方向づけようと考えました。

生徒がこのクラスで成功するには何が大切か理解できるよう、初日に三つのルールを紹介することにしました。

1　**毎日準備をして教室に来る。**
2　**クラスのディスカッションに参加する。**
3　**文学でリスクを取る人になる！**

ここで自分のクラスにはどんなルールを設定すべきか、候補を考えてみましょう。リストをノートに書くか、携帯電話やコンピュータに入力しておきます。見直したり調整したりするのに、最初につくった候補リストを残しておくのが大切です。

候補リストを見て、以下三つの質問をしてみましょう。

☑選んだルールを常に実行することに抵抗はないですか？
☑教えるクラスによって、ルールを調整すべきでしょうか？
☑選んだルールは、子どもたちが主体性を持って取り組めそうなものですか？

この三つの質問はルールの正当性を測るのと、子どもたちの賛同を得るのに役立ちます。ルールが破られる度にフォローアップが必要になることを考えると、あなたがルールを運用するのに不安がないということが大切です。

たとえば、「話すときは手を挙げる」というルールを選んだとして、定期的にクラス全員でディベートを行うのなら、ルールを守らせるのは適切でしょうか。もしそうでないと感じるのなら、このルールは意味がない、ということかもしれません。代わるルールとして「他の人が話しているときは、敬意を持って聞く」ならよさそうです。どんなときでも適切で、あなたが指導しているときに子どもが遮るような形で声を上げたら守られていないと言えます。

また1日の中で、時間帯や活動によって異なるルールや期待値を設定しても大丈夫です。たとえば、「話すときは手を挙げる」ルールをクラス全体に指導するときだけに使って、その後の時間帯では使わなくても構いません。そのためには「指導の時間」あるいは「先生の時間」と書いた張り紙などを使って、子どもたちが発言するのに手を挙げる必要のある時間だということを示します。そして全体への指導が終わったら、その張り紙を外して通常のクラスのルーティーンに戻ればいいのです。

最後の質問の意図は、主体的に取り組むと子どもは力を得たように感じることを、あなたに意識してもらうことです。これは、ポジティブな雰囲気づくりに欠かせません。「話すときには手を挙げることがルールです」と単に言うだけで、合理的な理由を説明しないと、ルールを守るモチベーションは低くなってしまいます。多くの教師が子どもたちと一緒にルールづくりをするのも、そのためです。とはいえ、成果を上げる教師の多くは自分でルールを選びます。その場合でも、どうしてそのルールを選んだのか理由を説明するほうが効果的です。それほど成果を上げられない教師にありがちな「他の先生がそう言ったから」というメンタリティを抑えることもできます。

たとえば、「話すときには手を挙げる」というルールを採用したら、その行為が日常生活とつながっていると説明することができます。意見や考えを伝えようとしている最中に話を遮られたら、どんな気分になるかを思い出させるのです。そうした話をしておくことでルールに対する賛同が得られ、反抗的な態度を防ぐことができます。

最後に、自分の設定したルールがあまりに基本的すぎると受け取られるのが心配な場合は、とりあえず実行して様子を見ましょう。本書では後ほど、ルールや手順についてあなたが違和感を覚えたり、子どもたちに合わないと感じたりしたときに、微調整する、あるいは大胆に変更する方法について紹介していきます。

4 学級経営：マインドセットの準備

新任の教師にとって、クラスがうまくいくかどうかの分かれ道になるのは、学級経営です。前述の通り、あらゆる先生が一番苦労するところだからです。でも、あなたは苦労する必要はありません。そのために、ここまで学級経営の基礎を築く準備をしてきました。教室をしつらえる、手順、ルールです。

次は、子どもたちのことを考えましょう。単なる教え子ではなく、みんな生身の人間です。その子たちに協力し合うこと、人を敬うこと、指示に従うこと、きちんと振る舞うことをどう教えていくか、考えなければなりません。それは三つの要素を組み合わせることで実現できます。**人間関係、具体的で高い期待、そして一貫性です。**

人間関係

「家を建てて維持する」という簡単なたとえで、学級経営について考えていきましょう。まずは人間関係を見ていきます。子どもたちとの関係は、家で言えば強固な基礎のようなものです。

正しく築かれていれば、お天気の日はもちろんのこと、嵐の日でもびくともしません。教室も同じです。関係性がきちんと築かれていれば、いいときにはさらに絆が強まり、そうでないときにも結束力を保てます。

エマーとサボリーネ（２０１５年）は学級経営において「予防的な取組としてまず専念すべきは、子どもたちとポジティブな関係を築くことです」と述べています。また、研究によると教師とのポジティブな関係は、子どもたちの行動と学びにいい影響を与えるにとどまらず（コーネリウス・ホワイト、２００７年／ローダ、クーメン、スプリット＆オート、２０１１年）、教師のバーンアウトや仕事の満足度にも直結していることがわかっています（チャング、２００９年／フリードマン、２００６年／クラッセン＆チウ、２０１０年）。

このような大切な関係を築く計画を立てる際には、核となる考え方を確認しておきましょう。**子どもたち一人ひとりが大切で、全員に学ぶ能力があると、心から信じなくてはなりません。**キャロル・S・ドゥエック著『マインドセット「やればできる！」の研究（Mindset）』（２００６年）には、次のような研究結果が出ています。しなやかマインドセット、あるいは子どもたち全員に成長する能力があると信じることは、その子たちの学びの達成度に、はっきりと影響を及ぼすというのです。あなたが信じていなければ、それは子どもたちに伝わります。そして、結果としてその子たちは、未知の潜在能力を発揮することはありません。

想像してみてください。「時間をかける価値がない」「学ぶ能力がない」と思っている人に何かを教わりたいと思うでしょうか？　論外ですよね。もしかしたら学校にも、そういう考え方をする教師がいるかもしれません。でも、あなたは自分が正しいと感じている（そして研究結果も出ている）ことを貫いてください。

さて、**「人間関係を築く」**とは、実際にはどういう状態でしょうか。大切だということは繰り返し聞かされていても、具体的なイメージはつかめていないかもしれません。ブログを検索したり、まわりの人に子どもたちとの関係を構築するやり方を聞いたりしてみようと思っている人もいるでしょう。学級開きの日に行うさまざまな「仲よくなる」ゲームを教えてくれて、子どもたちといい関係を築くようアドバイスする人もいるかもしれません。翌日から子どもたちは引き続きゲームを楽しむでしょうし、あなたは興味深い情報を知ることになるかもしれませんが、「関係性を築く」という意味ではあまり効果があるとは言えません。

子どもたちと接する機会は初日から最終日まで、すべてその子たちとの関係性を築くチャンスになります。子どもたちが「話を聞いてもらえている」「気にかけてもらえている」と感じられるように常に意識することで、絆を強めていきます。

以下は、教室で子どもたちと関係性を築くためのいくつかの基本的な方法です。

☑毎朝、あるいは授業が始まるときに、ドアのところで子どもたちを笑顔で迎え、来てくれて嬉しいことを伝える。
☑定期的に子どもたちが成し遂げたことを祝う（シンプルにハイタッチでも、特別な対話でも）。
☑怒鳴ったり、嫌みを言ったりせず、子どもたちに敬意を表する。
☑子どもたちの生活について尋ねる。
☑話してくれる内容に耳を傾ける。
☑子どもが頑張ったことや、あなたがいいと思ったことをメモに書いて、その子の机に置く。
☑子どもが何かを達成したとき、一緒に喜んでもらえるよう、保護者に電話をかける。
☑毎日子どもたちが教室を出る前に、あなたが皆のことを気にかけていると伝える。

見ての通り、どの例も簡単で時間もかからず、子どもたちが「話を聞いてもらっている」「気にかけてもらっている」と感じられるようにするものです。学年や校種にかかわらず、クラスで成果を上げるためにも、関係性を築くのは欠かせません。関係性を築くための方法のリストは、経験を積むうちによいものになっていくでしょう。

リスト上に星印をつけ、学校が始まって最初の1週間に関係性を築く方法として意識することをおすすめします。意識しなくても自然とできるようになるはずです。そうしたら、新たなレパートリーをどんどんリストに加えます。どんなときでも、あらゆる接点が絆を強くするチャンスだと自分に言い聞かせ、一瞬たりともおろそかにせず、大切にしましょう。

具体的で高い期待

人間関係の構築についてイメージが湧いたところで、子どもたちの行動について、具体的かつ高い期待を持つことがいかに大切かを見ていきましょう。

家を建てるたとえに戻ると、人間関係で基礎を築くところまで学びました。いよいよ、次は家そのものを建てるときです。これはあなたが毎日見る家、住む家です。強固な基礎を築いたように、しっかりとした、機能的かつ住みやすい家を目指します。どのような教室になるでしょうか。

あなたが教えている間、幼稚園児が床をはいずりまわっている教室でしょうか？　詩の分析をしているはずの高校1年生が、前夜のパーティーの話題でおしゃべりしている教室でしょうか？　そんなことはありませんよね。高く、具体的な期待を持ちましょう。

ブリジット・ハムレとロバート・ピアンタ（２００６年）は、教師と子どもたちのポジティブな関係に加えて、学校と教師が子どもの行動に対する期待を高く保つことが非常に重要だと言っています。仮に学校全体にこのような考え方が浸透していなくても、**あなたはクラスに対して高い期待を持つ人でいましょう。**

幼稚園児に教室で静かに座っているよう期待しなければ、その通りにはなりません。高校1年生に課題に集中するよう期待しなければ、その通りにはなりません。子どもたちがベストを尽くすように期待する教師でいましょう。そして、その期待をはっきりと説明できるようにします。そうすればあなた自身も子どもたちも、何が正しくて何が間違っているのかがわかります。

前述した手順とルールの項では、あなたは自分で考えて手順とルールを決めました。ここでは、その手順とルールがどう守られるのか、その方法について高い期待を持つことを確認します。

ジョンソン先生とローガン先生は、都心の学校に勤める中学2年生の社会科の教師です。二人はカリキュラムも同じで、鉛筆に関する手順まで同じでした。授業中、いつでも「削った鉛筆」用の容器から自由に鉛筆を使っていいというものです。

ある日のチーム・ミーティングで、ジョンソン先生は鉛筆に関する問題が度々起こっていると不満を漏らしました。ローガン先生は驚きました。とても気に入っている手順で、次の職員会議では学校全体に伝えようと思っていたからです。この差はどこから来たのでしょう。それは、手順に対する期待値と、それをどうクラスに伝えたかです。

ジョンソン先生は、「いつでも鉛筆を取りに行っていいよ」と説明しただけでした。対してローガン先生は、いつでも鉛筆を取りに行っていいと説明した後に、注意事項を付け加えていました。**静かに行うことと、できるだけみんなの気が散らないように、机の後ろをまわるルートを通ることです。**

大きな違いとして、ローガン先生は手順が実行される方法について、より高い期待を（「学級経営」の項に出てくる適切な行動を定着させる能力も）持っていたことでした。初日から、生徒は必要なときにはいつでも鉛筆を取りに行けること、その際には授業の妨げにならないよう、特定のやり方を守ることも理解したのです。

ジョンソン先生のクラスでは、「いつでも鉛筆を取りに行っていい」ということしか伝わりませんでした。どちらのクラスでも、生徒は期待に添った正しい行動を取っていたのです。手順を実行するやり方に対する期待レベルが、二人の教師では違っていた、ということになります。

普通の期待と高い期待の違い、そして明確に伝える方法がわかったところで、あなたの選んだ手順とルールについて、本質的に何を期待するのかを考えましょう。

どのように教室に入ってきてほしいですか？

クラスメイトとおしゃべりしながら、あるいは静かに入って、すぐに作業を始めてほしいでしょうか？

誰かが問題を間違えたとき、どう反応してほしいですか？

笑ってからかう、あるいは勇気を出してトライしたことを称えるのがいいですか？

また、善悪については子どもたちの持ち前の判断に任せる、あるいは起こりうる状況に対して適切な対処法を指導しますか？

あなたが期待するレベル、そしてそれをどのくらい明確に伝えるかで、子どもたちの行動は変わります。忘れないでください。この家は、あなたが日々過ごすところです。長持ちするようにしておきましょう。

一貫性

思い浮かべてみてください。

家が建ちました。しっかりとした基礎の上に建った家はきれいに保たれ、レンガ造りの外壁で、正面玄関は来る人を温かく迎える雰囲気です。住み心地もよく、引っ越すことなど考えられません。ところがある日、2階のバスルームの蛇口が水漏れをしているのに気づきます。

「うーん……ちょっとした水漏れだし、大した問題じゃないな。あとで修理しよう」。

2週間後、水漏れの蛇口のところに水がたまっていました。ちょっと気になったものの、まだ大した問題ではないと思い、また今度対処しようとそのままにしておきます。1か月後、ふだんはあまり足を踏み入れない家の奥の部屋に行くと、天井に濡れた染みが見えました。2階に駆け上がると、例の蛇口の問題は思っていたより酷かったことがわかります。壊れた配管、駄目になった床、さらには天井の染み。その瞬間、「あの最初のときに蛇口を修理しておけば！」と思います。

家のたとえでストーリーを続けます。家の基礎は人間関係、その上に建てた家は私たちの期待です。この家を円滑にまわしていくには、どうすればいいのでしょう？　大事なのは、定期的な維持管理です。教室では、この維持管理は一貫性を保つことに当たります。一貫性は人間関係にも、期待にも必要です。家の維持には、定期的なメンテナンスが必要なのと同じです。

デイビス先生は教師1年目で、10月半ばまでは何とか順調にいきました。9月に年度が始まって最初の2週間はゴタつくこともありましたが、9月も半ばを過ぎるとペースがつかめてきたように感じました。年度初めの数々の活動を通じて子どもたちのことを理解し、手順とルールの説明も一生懸命行いました。そして、子どもたちもきちんと理解していたようでした。

ところが最近になって子どもたちの態度が崩れ、年度初めに戻ってしまったかのようになってきました。注意すると、言い返してくるようになり、授業中に大きな音を立てて電動鉛筆削りで鉛筆を削るようにまでなってしまったのです。デイビス先生は、自分のしてほしいことを確かに指導しました。それなのに、居心地よく誇らしかったはずのクラスが、急に変わってしまった気分でした。

デイビス先生は人間関係の構築に尽力し、手順の説明もきちんと行っていました。ただ、大事なことが欠けていたのです。それは**一貫性**でした。クラスがうまくいっているのに安心しきって、一貫して継続すべき二つのことを行っていませんでした。**期待を維持するのと、関係を構築することです。**

一般的に、子どもたちは理想的な態度から一転して急に手がつけられないようになることはない、と覚えておきましょう。少しずつ、徐々に態度が変わっていくのを許していた、というケースが多いと思います。デイビス先生の場合、「話すときにはまず手を挙げる」というルールを決めていました。簡単で、すぐに実行してもらえるものです。ところがある日、責任感の強いジェームズが、他の人が話しているときに思わず口をはさみました。ただ、すぐに気づいて「ごめんなさい」と謝りました。そこへ機転の利く別の子が声をかけ、教室中に笑いが広がりました。それから他の子どもたちも、人が話しているときに平気で割って入るようになっていきました。それが当たり前になってしまったのです。とうとうジェームズ先生は苛立って、厳しい口調でルールを守るように子どもたちに言ってきかせました。すると「だってみんなやってる」という声が返ってきました。残念ながら、確かにその通りでした。デイビス先生は、一貫性を持ってルールを守らせることをしていませんでした。その結果、ルールは徐々に破られていき、とうとうまったく守られなくなってしまったのです。

それでは、ルールを守る状態を保つには、どうすればよかったのでしょうか？　最初にルールが破られたときにスルーするのではなく、さまざまな別のアプローチ法がありました。警告の意味でジェームズに近くに寄って注意したり、肩に手を置いたり、あるいは個別に話をする時間をとったりすることもできたでしょう。きちんと対処していれば、クラスを居心地のいい状態に保てていました。

さらに、ジェームズとの関係性も考えるべきでした。早くにいい関係を築いたものの、維持する努力をしていたでしょうか。一貫性を持って声をかけていましたか？　努力していることを、一貫性を持って褒めていましたか？　気にかけている、信頼しているということを、一貫性を持って伝えていましたか？　振り返ってみると、デイビス先生はこうしたことを、最初の2週間程度しか行っていませんでした。うまくまわるようになると、やめてしまっていたのです。あなたが気にかけていないと感じ取ると、子どもたちの態度は変わってきます。

前述の通り、家のたとえは、成果を上げる学級経営のマインドセットを設定するためです。計画して1年を始めるに当たって、学級経営の三つの側面を忘れないようにしてください。人間関係、具体的で高い期待、そして一貫性です。壁にぶち当たったら、この三つのうち何が欠けているのかを考えましょう。高い期待を寄せて家の構造を強くするのを怠っていませんか？　キッチンにちょっとした水漏れがあったときに、すぐに対処しましたか？　あるいは土台がぐらぐらしていて、家が倒れそうになってはいないでしょうか？　こうして考えを巡らせることで、クラスを管理するマインドセットを身に付けることができます。

一貫性を保ちながら、変わることもできる？

一貫性を持つことは、教師が期待することを変えられないということではありません。矛盾しているようですが、そんなことはまったくありません。教師はみんな、特に優れた先生は実践していることです。クラスの子どもたちが自分で鉛筆を削れて、そもそもテクノロジーの進化で鉛筆自体をそんなに使わないとわかったら、実態に合わせてルールを変更するのが合理的です。ただし一旦そうと決めたら、うまくいかないからといってすぐに元に戻すような反応をしてはいけません。せっかく一生懸命築いてきた子どもたちとの関係が損なわれます。

また教師1年目では（特に特別支援教育の教師は）、個別教育プログラム（ＩＥＰ）や５０４プラン（障害を持つ子どもたちが障害を持たない子どもたちと同じように教育の機会と利益が与えられるように、差別行為を禁ずる法律）が適応になる子どもたちを受け持つこともよくあります。こうした多様性があっても、基本的なクラスの手順や期待を設定するのは変わりません。ただ子どもたちの能力によって、変えなくてはならない部分があるかもしれません。平等が、必ずしも公平でない場合もあるということです。

それでも子どもたちが能力を発揮できる、体系立った仕組みは必要です。さらに、あなた自身がＩＥＰや５０４プラン適用の子どもを言い訳にしないことも大切です。その子どもたちが自分の潜在能力を十分に発揮しなくてもよい、という考えになってしまうからです。繰り返しますが、すべての子どもたちは大切で、学ぶ能力があります。子どもが自分の可能性を最大限に活かすのを、妨げないようにしましょう。

どの学年でも、どの教科でも、学級経営の成功にはあなたのマインドセットが重要です。基礎を固めるには人間関係を築くこと、教室を機能的に運営するには具体的で高い期待を持つこと、そして維持管理には一貫性を持つこと。この三つは、安全かつ快適な教室をつくるのに役立ちます。

5 子どもたちがルールを守るとき……あるいは守らないとき

うまくいく学級経営に必要なことを理解したところで、二つの重要な質問について考えてみましょう。

1 子どもたちがルールを守ったらどうしますか？
2 子どもたちがルールを守らなかったらどうしますか？

ここで話題にしているのは手順ではなく、ルールであることに注意してください。手順については後ほど解説していきます。ルールは、あなたが子どもたちにいかなるときでも教室で守らせているものです。学級経営は予防につきます。完璧な対応というのはないからです。質問1に対する答えは、日常的に使う大切なものです。子どもたちの行動に一番影響するのは、問題があったときにどう対応するかではありません。きちんと行動したときに、どう対応するかです。どのクラスでも、ほとんどの子たちがほとんどの時間、きちんと行動します。そこで考えるべきは

「こうした時間や子どもたちの人数を、継続的に増やしていくにはどうすればいいか？」です。

ポジティブな行動を強化し、ネガティブな行動を抑えるにはさまざまな戦略があります。戦略はそれぞれの方針や哲学に基づくものです。新任教師の場合、まだ授業の経験がないので、方針めいたものはないかもしれません。そこで、二つのことを満たす戦略を考えましょう。

☑よい行いをポジティブに強化する

☑不適切な行いに対して、責任を持たせる

どのような組織立てを行うにしても、**よい行いを何らかの形で強化する**ことを核にしましょう。そうでないと、不適切な行いに対する対応が、意味をなさなくなります。教師として、学級経営の大部分の時間は、ポジティブな行動に意識を向けるべきです。子どもたちの行動に肯定的に向き合うことで、クラスの雰囲気は温かくなります。しかもクラスをまとめるのに、ポジティブな強化のほうが（罰を与えるより）楽です。罰を与えるときは一貫して実行するのが効果的なのに対し、ポジティブな強化は断続的に行うことでも効果があるからです（マーグ、２００１年）。ですから戦略を分析したり探したりしているときは、ポジティブな行いを利用することを考えましょう。肯定的で協力的な雰囲気のクラスのほうが、あなたは自信を持てますし、子どもたちは成功できます。

ただし、不適切な行動に対してどうするのか、計画しておくのも大切です。クラスをうまくまとめるには、不適切な行いには責任を持たせなくてはなりません。そうしないと、あっという間にクラスの秩序が保てなくなるでしょう。考えられるのは、何かを取り上げる（例：よい行いをしたときに渡すチケットを取り上げる、移動時間を1分減らす）、あるいは何かを課す（例：お昼休みの居残りなど）、または何らかの方法で落ち着かせる（例：「クールダウン」席、短い飲み物休憩）ということです。

さまざまな仕組みが考えられますが、大事なことが四つあります。一貫性があること、公平なこと、合理的であること、そして常に「最終的なゴール」を意識することです。ゴールは、その子の振る舞いが改善されることです。たとえば小学校の教師なら、子どもがルールを破る度にポイントを取り上げるかもしれませんし、中学校の教師であれば、昼休みに生徒を教室に呼んで話し合いをするかもしれません。どんなやり方を選んだとしても、その仕組みをうまく使うために、以下の四つのことを心がけましょう。

1　一貫性を持って導入する

前述の通り、一貫性は学級経営を成功させる重要な要素の一つです。「言ったことに責任を持ち、実行すること」（ワシチコとロス（1994年）、64ページ）という言葉を覚えていますか？まさにこの言葉を行動に移すときです。あなたのルールを子どもが破る度に、責任をもたせるようにしなければなりません。気まぐれに対処するようでは、子どもたちにとってルールは意味がなくなり、かえって有害になるかもしれません。

2 公平でいること。ただし公平が、必ずしも平等とは限らない

ルールが破られる度に責任を持たせるのは重要ですが、その行動や子ども本人のことを考慮するのも大切です。ジム・フェイとデイビッド・ファンクは著著『愛とロジックの教育（Teaching with Love and Logic）』（1995年）でこう言っています。「公平とは同一の扱いをすることではなく、必要なものを与えることである」（100ページ）。

誰かがルールを破る度に、まったく同じ対応をしなくても大丈夫です。たとえば他の子が話しているときに話し出したことで、ラ・タヴィオンが「クラスメイトを敬う」というルールを破ったとしましょう。一方ジャ・シャウナは他の子が席に着くときに足をひっかけることで、同じルールを破りました。二人共ルールを破っていますが、行動が違うので果たすべき責任も変わるかもしれません。

ペナルティを課す相手が誰かも大切です。マリアナとジョゼは二人とも「指示には最初の1回

で従う」というルールを破りました。あなたが効果的だと思えば、同じペナルティを課すのは一つのやり方です。または何が動機づけになるか、あるいは同じ日に他にも不適切な行動があったかどうかで、別々のペナルティを与えるやり方もあります。マリアナにとって2回目や3回目で、ジョゼにとっては初めてだったなら、むしろペナルティは変えるべきでしょう。同じ扱いでは公平とは言えません。

3 責任の取らせ方は合理的に。つまり、行動に見合ったペナルティを課すこと

ペナルティは、肩に手を置いて注意を促すような軽いものから、「バディ・ルーム」で反省を促すようなものまで、幅があるでしょう。ただ、何を実行するかは、問題行動の程度に依るべきです。反映されるべきは子どもの行動で、そのときのあなたの気分ではありません。たとえば、「手を挙げてから話す」というルールを1回破ったらといって1週間ランチタイムに居残りをさせるのは、やりすぎでしょう。問題行動の背景にあった動機のレベルに対して、極端に厳しくはないでしょうか。わざとではなく、うっかりしていただけかもしれません。

一方、他の子を強引に押しやった子どもに対して肩に手を置くだけでは、軽すぎます。押しやる行為は教室内の安全に関わる深刻なものですから、それに見合ったペナルティを考えるべきでしょう。その行いはまったく受け入れられないと、理解させる必要があります。他の子を危険な

目に遭わせた状況の深刻さがはっきりと伝わることが重要です。

期待が高ければ、それだけ行動はよくなります。また、子どもを職員室に送るたびに、あなたの力は少しずつ弱まっていくことも覚えておきましょう。もちろん、同僚や管理職のサポートを得るのは悪いことではありませんが、よく考えて利用するようにしましょう。

4 最終的なゴールを意識する

教師として、問題行動に対処するときの目的は、その行動が二度と起こらないようにすることであるべきです。その最終的なゴールを常に意識しておくことは大切です。その瞬間は腹が立ったりイライラしたりするかもしれませんが、おそらく子どもにはそうした行動をとった理由があるはずです。退屈していた、やるべき課題に不満を持っていた、あるいは規範に対する誤解があったのかもしれません。理由が何であったにせよ、それを突き止める努力をして対処することが、再発防止につながります。退屈していたのなら、子どもたちの興味のあることを授業に組み込むことを検討してもいいでしょう。課題に不満があるのなら、不満や忍耐について健全に対処する方法を教えるのはどうでしょうか。家では適切でも、学校ではそうでない振る舞いをしていたのなら、あなたがその子の文化的背景を理解していることを伝えた上で、家では適切でも学校ではそうでないことを改めて説明しましょう。どんな状況でも、期待に対する一貫性を持ったペナルティを用いることが大切です。それと同時に、最終的なゴールはその問題行動の再発を防ぐことであることを忘れてはなりません。

新年度が始まったら、おそらく決めたルールを調整することになるでしょう。場合によっては全面的に見直すことになるかもしれません。ここについては、144ページ（14 軌道修正）で詳しく見ていきます。大事なことは、子どもたちが教室に入ってくる前に、よく考えられた仕組みが準備できていることです。そうすれば、学級開きの日から問題行動に対してどう対処すべきなのか、迷わずに済みます。

どのアイデアを採用すべきか迷っているときにおすすめなのは、他の教師を参考にすること、学級経営の本や記事を読むこと、メンターに相談すること、教師のブログを参照することです。人によって（研究者でも）戦略についての考えは異なるので、こうした情報の中から自分に合っていて、クラスにもフィットしそうなものを選びましょう。ポジティブな強化を戦略の中心に据えつつ、必要なときに使えるペナルティの準備も忘れないようにします。

また、学校全体で運用されている、行動に関する決まりがあるかもしれません。日々活用しているかどうかはともかく、暴力のような大きな問題が起こったときには、役立ちます。身体的な安全を脅かすような事態になったときには（例：子どもたちが激高して激しい言い合いになる、子どもが教室を飛び出すなど）、管理職に連絡して事態の収拾に当たるのが一番いいと覚えておきましょう。

以下、教師たちがどのように管理システムを決めたのか、三つの例を挙げます。

テイラー先生は、貧困層の多い幼稚園の1年目の教師です。学級開きのためにできるだけ準備をしておきたかったので、ネットでさまざまな学級経営システムを見てみました。その中で、ある教師がブログに載せていたものが気に入りました。この先生は、子どもたちへのご褒美に「集計方式」を取り入れていました。子どもそれぞれが集計チャートを持っていて、「スーパースター」になると票を獲得でき、不適切な行いをすると票が減っていく仕組みです。一定の数に達すると、特別なご褒美に「交換」ができます。読書時間を増やす、1日先生と椅子を交換する、などです。テイラー先生がこの戦略を選んだのは、シンプルで明解だからです。初年度からあまり複雑なものには手を出したくなかったのです。自分の努力次第で子どもたちの票は減るよりも、増えるほうが多くなるだろう、と思えたのもこの戦略を選んだ理由です。ポジティブなクラス・カルチャーを築いていくのにも役立つのと同時に、子どもたちが何か不適切な行動をしたときには頼れるものができました。

ネルソン先生は、中学1年生の教師です。クラスには特別な支援が必要な生徒が少数いて、そうでない生徒もいます。ネルソン先生は、いざというときに頼れるシステムを持っておきたいと考えました。学校の決まりでは、何かがうまくいかない場合は「ひと休み席」に連れていくとなっていたので、自分のクラスでも何かあった場合は同じようにすればいいとわかり、安心できました。それから、一番大事なポジティブな強化について考えました。特定の生徒は特に強化が必要だと聞いていたので、授業が終わる度に1ポイントをあげることにしました。先生が自分のタブレット上でポイントを管理し、10ポイントたまったら、週のどこかでその生徒と一緒にランチを食べることにしました。ネルソン先生は、この戦略は他の先生も採用していると知っていたのと、期待に対して一貫性を保てるのと同時にポジティブな強化を実施できるものだったので、すんなりと決めることができました。

ウィルソン先生は高校の新任の音楽教師です。どういう戦略を採用しようか考えていたとき、学校にある楽器を、生徒に手入れしてもらおうと思いつきました。そこで3か月に1度、「自分のＩＣＴ機器を持ってこれる日」を設定し、楽器を状態よく保っていた生徒を対象にしました。でも同僚と情報交換をしたり学級経営の本を読んだりしているうちに、考えが変わってきました。たとえば、ふだんは楽器を大切に扱っている生徒がたまたま2週目に楽器を傷つけてしまったら？　その一瞬の出来事を、3か月間の成果と見なすのは妥当でしょうか。それよりも、無形のご褒美をもっと与えるほうが生徒のモチベーション・アップにつながる、と思いました。そこで言葉でポジティブな強化を図れるよう、褒める言葉のリストをつくりました。そうすれば、生徒に毎日「ご褒美」をあげられます！　さらに不適切な行動への対応には、メンターの教師からフローチャートのアイデアを拝借しました。まず生徒に警告します（出欠表に印をつけます）。次に学習から外れ、戻れる状態になるまで座って待つように言います。それでも不適切な行動が続くようなら、最終手段として学校の決まりに従い、「バディ・ルーム」に行かせます。

真のゴールに集中する

教室でのご褒美については、「ハイレベルで高級なものはふさわしくない」と心に留めておきましょう。望ましい成果に対して、子どもがポジティブなフィードバックをもらえるのが本当のゴールです。先生に微笑んでもらい、親しみを込めてうなずいてもらうのが本当の目的です。「すごいね。本当によく頑張ってる！」というような言葉をかけてもらうのが究極の強化になります。テイラー先生、ネルソン先生、ウィルソン先生の戦略は、日常的で何気ないポジティブな子どもたちとの交流なしには、成果は上がりません。繰り返しますが、子どもたちとポジティブな関係を築くことが、学級経営の基礎となります。そして、日常の何気ないポジティブな交流によって、あなたが望むカルチャーを発展させていくことができます。

6 授業の計画と指示

授業計画：1分単位で

新任教師を助ける鍵となるのは、子どもたちが教室に入ってくる前に行う、授業の計画です。学生時代に、授業計画を作成する講義があったかもしれません。目的、教材、トピックの紹介の仕方などを考えるものです。効果的な指導法を考えるのに役立ったと思います。ただ、実際に学校が始まる数週間分の計画を立てるとなるとどうでしょう。この大事な期間で、あなたは教師としてやっていく方法を試行錯誤することになります。正直なところ、授業の目的にまで気がまわらず、何とか1日を乗り切るのに精一杯になるかもしれません。

大学の先生は、アカデミックな視点で授業計画を立てる指導には優れています。ここでは、教師1年目でアルファベットや計算の指導はおろか、子どもたちをまとめるところで戸惑っている状態のあなたに、授業の計画の立て方をアドバイスしていきます。

最初の数日間は、自分が何をしているのかわからない状態かもしれませんが、わかっているように〝見える〟ことがとても重要です。

これは、急に「何でもわかっている」風になって、間違ったときにもその態度を崩さない、ということではありません。子どもたちが常に何かやることがある状態にする、ということです。たとえば何か課題を行うように指示したとき、三人の子どもが2分で終えてしまって、何もすることがなくなったとします。この時間は「ダウンタイム」となり、新任教師にとっても子どもにとっても問題の種となりかねません。トッド・ウィタカーの指導の質についての研究（2012年）によると、成果を上げる教師のクラスでは、行き当たりばったりで何かが行われることはほとんどありません。「行われることすべてに目的と計画がある」（79ページ）からです。幸い、新任教師であっても、「ダウンタイム」をなくすことで、同じことができます。子どもが何もすることがない時間は避けるようにしましょう。

「ダウンタイム」がどうしていけないか、それには二つの理由があります。第一に、貴重な指導時間が無駄になります。多くの教師は必要なことをすべて教えるのに、時間が足りないと感じています。そのため、わずかな時間でもしっかりと使う計画を立てることが大切です。1日5分無駄になれば、年間ではかなりの時間になります。たとえば、小学校1年生に読み書きを教えている、あるいは高校生に線分の傾きの求め方を教えているとして、無駄な時間によって子どもたちの理解度が下がるかもしれないのです。二つ目の理由は、体系が崩れるかもしれないからです。成功するクラスは、「体系立てがしっかりしている」ということがわかっています。授業を計画したのにクラスの４分の３しか参加していなければ、他の子どもたちは何をしているのでしょう？　ぼんやりする子もいるでしょう。あなたは特に失うものはないかもしれませんが、子どもたちにとっては大事な学びの時間が失われます。「ダウンタイム」にクラスメイトの邪魔をする子やＳＮＳ投稿を見る子、教師の邪魔をしてくる子だっているかもしれません。そして一人でも気が散ると、それが他の子たちにも広がっていきます。

　こうした事態を避けるには、最初の数週間は、やりすぎなほど計画を立てておくことです。そう、「やりすぎ」でいいのです！　計画にあることをすべて教え終えてしまい、28人の子どもたちが終業のベルが鳴るまで８分の「ダウンタイム」がある、などということがないように。こうした時間ができてしまうと、どんなに態度のいい子であってもじっと座っているのは難しいものです。**計画を立てるときは、1日の流れを分単位で細かく見ていくようにします。**教室に入ってきたら子どもたちは何をするのか、課題を終えたらどうするのか、黒板に答えを書いてもらうのが五人のとき、他の子はどうするのか、などです。「ダウンタイム」はなるべく避けなければなりません。作業を早めに終えた子には、常に何か活動を用意しておきましょう。どんなものであれ、忙しい作業など罰を与えるようなものではなく、学びを豊かにするものにします。
学校によっては、こうした詳細な授業計画の提出が義務づけられているところもあるかもしれません。その場合は、その計画書を利用して「ダウンタイム」の発生を防ぎましょう。以下に、学級開きの計画書の具体例を二つ載せました。一つは小学校の教師のもので、もう一つは高校の教師のものですが、多くの共通点があるのがわかるはずです。学級開きの日に何を行うか、綿密に計画されています。

■CASE 1：小学校の例

8：00-8：20　モーニング・ワーク。ドアのところで子どもたちに課題を手渡す。何を期待しているか、確認のために説明する（静かに、ロッカーに教材を全部しまい、席で朝食を食べる）。朝の課題が終わったら、用紙を伏せて机に置く。次の指示があるまで本を読むか、書きものをしてよい。

8：20-8：40　朝のミーティング。カーペットに移動するやり方について説明する（指示があったら静かに、穏やかに、輪の中に場所を見つける）。手の合図（ボードに貼ってある）

を紹介し、トイレの利用についても説明する（2回：午前中と午後）。それからクラスの約束事の話をする。いろいろな場面を想定して、ブレイン・ストーミングを行う（教室、ランチルーム、休み時間など）。

8：40−8：50　輪になって数える。 輪になった子どもたちは、順番に番号を言っていく。1番目になりたい子から始めさせ、どちら周りにするかも、その子が決める。1周目は0から始め、次は47から始める（数字はランダム）。その次は85からスタートして1ずつ引いていく。

8：50−9：00　算数カーペット・スポット。 子どもたちに、それぞれカーペットの場所を割り当て、輪から自分の場所に移動する練習をさせる。どうして場所を割り当てたのか、説明する（全員が確実に成功するため）。そして移動の練習を、うまくできるようになるまで繰り返す。

9：00−9：15　数学者は何をするの？ この教室では、みんなが数学者だと説明する。数学者とはどういう人か話し、クラスみんなで数学者は何をするのか意見を出し合う。まずは隣の人と話して、その後、クラス全体に意見をシェアするようにする。事前に用意したチャートにアイデアを書く。

9:15-9:40　数学者のアート・プロジェクト。 みんなでつくったチャートを使って、アート作品をつくることを説明する。子どもたちに材料を用意させ、実行させる。始める前に、テーブルが一緒の人とは話してもいいと伝える。ただし大声は出さないよう、伝えておく。どのくらいの声の大きさなら適当か、練習してもよい。

9:40-9:50　列になる練習をする。 並んで列になるときの指示の出し方を伝える。何度か練習する。できるだけ静かに穏やかに行えるか、試させる。さらに、これから体育館に行くと伝え、体育館に行くときの適切な歩き方を（教室で）練習する。

9:50-10:10　体育館で全校集会（私たちのクラスの座る場所は、前列の右端）。

10:10-10:20　ライターのワークショップを紹介する。 毎日行うことの一つに、書くことがあると伝える。クラスで、どうして書きものをするのか、ブレイン・ストーミングを行う（脳の活性化に役立つ、書き手としても読み手としても成長できる、スペリングや手書きの練習になるなど)。私がチャートにそれを書き込む。それから自主的なライティングがどうあるべきかブレイン・ストーミングする(話し声はなし、目線は手元の紙に、鉛筆を動かすなど)。このアイデアも書き留める。

10:20–10:30　三つの自主的なライティング・アクティビティーを教える。「自由に選ぶ」ライティングについて説明する(レシピ、リスト、詩)。それぞれについて例を示し、子どもたちにも例を挙げてもらう。その日に書くものを決めたら、自分のこぶしにそれをささやき、紙を持って席に戻って書き始める。

10:30–10:40　ライティング・アクティビティーの練習をする。子どもたちはライティングの練習をして、私は歩いて見てまわる。集中してアイデアを出せるようアドバイスして、創造力と努力を褒める。10:38分ごろ、見て気づいた「よい書き手」の振る舞いをシェアする。

10:40–10:55　読み聞かせの初日。子どもたちは、カーペットの自分の場所に移動する練習をする。うまくできたら、私が本を読み聞かせる。

10：55－11：00　音楽室に向かう。もう一度並んで列になる練習をして、それから音楽室に向かう。

■CASE2：1時間の高校の代数Ⅱクラス

移行時間。生徒が教室に入ってくるとき、ボードを読んでベルが鳴るまでに授業の準備をするよう、リマインドする。ボードには、その日成功するのに必要なことが四つリストになっている。

授業の準備はできている？

1　昨日出された宿題を自分の机に置く
2　鉛筆
3　計算機
4　ホワイトボード関連（パーソナル・ホワイトボード、マーカー、専用消しゴム）

10：00―10：10　教室に入り、皆の準備ができていることに感謝して、ウォームアップ問題をボードに貼る。各自でその問題に取り組み、まわりの人と見せ合う。生徒が問題に取り掛かっているとき、クリップボードを持って歩きまわって宿題を完成させているかチェックする。また、個別に宿題の完成度について話をしたり、ウォームアップ問題のヒントを出してあげたりする。

10：10―10：15　出席管理プログラムの「ランダム・セレクター」ボタンを使って、生徒を選ぶ。その生徒が前に出てウォームアップ問題を解き、説明もする。問題を解く別のやり方を、他の生徒がシェアする。ホワイトボードを脇に置き、宿題を前に置くよう全員に指示する。

10：15―10：25　宿題の解答を教室前方のスクリーンに映す。最初の五つの解答を読み上げ、質問を受け付ける。このプロセスを繰り返して、すべての解答を確認し終える。質問を受けて説明したり、ボードで問題を解いたり、歩きまわって自分の間違いを見つけたり直したりする手助けをする。

10：25―10：40　用紙を配って有理式を簡約化する授業を始める。まず例として五つやってみせて、1問毎に難易度を上げていく。度々手をとめては、直観的に次はどうするべきか、理由も含めて尋ねる。講義というよりは議論をしながら進める。

10：40-10：45 最後の問題をボードに貼る。先ほどのホワイトボードを使って、各自に問題を解かせる。解き終えた生徒の解答をチェックする。正解なら褒めて、残りの時間で作業をするワークシートを渡す。不正解の場合はどこで間違えたのか一緒に見ていき、正解にたどり着けるようにする。

10：45-10：55 皆がワークシートに取り掛かり始めたら、歩いて様子を見て、質問があれば答える。

10：55-11：00 最初の3問の答えをボードに貼る。生徒自身に正解できたか確認させる。もし正解できていなかったら、教師に言うよう伝える。その問題を皆で解く。

11：00 ベルが鳴り、皆が退出していく。「この後も1日楽しんでね」と声をかける。

指示：エンゲージメント（意欲的な状態）を重視

「何を」教えるべきかについて、あまり時間を割かなかったのは、それは変化するものだからです。カリキュラムは定期的に改善されますし、全面的に見直されることさえあります。取組や指導者の変更、ときには政治情勢にも影響を受けます。そのため、初年度に「何を」教えるかではなく、**「どのように」教えるかに注力しましょう。**

指導法には効果的なものがさまざまあり、あなたも今後キャリアを積んでいく中でいろいろなものに出会い、活用していくでしょう。本書では、子どものエンゲージメントに焦点を当てています。**「子どもたちが知識やスキル、技能、学業に対して気持ちを入れて努力することを推進する」**（ニューマン、ウェーラジ、ラムボーン、１９９２年、12ページ）ということです。研究によると、子どもたちのエンゲージメントが高いクラスは、ポテンシャルも高いことがわかっています。フレドリックス、ブルーメンフェルト、パリスがそのことについてこう述べています。「好きになる、参加するというところから始まって、結果的に一生懸命力を注ぐことになるかもしれない。やる気のなさを減らし、学びを高める鍵ともなり得る」（２００４年、82ページ）。

二つの歴史のクラスを想像してみてください。１クラスはサマーズ先生、もう１クラスはジャクソン先生が受け持っています。二人とも、教師１年目です。学校も同じ、学年も同じ、教科も同じです。サマーズ先生のクラスでは、子どもたちはほとんどの時間を受け身で座って過ごしています。先生がボードに書く内容を、ノートに書き写しているのです。その後は教科書を黙読し、読んだ範囲の講義を聞きます。黙読の時間には、メッセージを送ったり、メモをまわしたり、ジョークを言ったりと子どもたちの問題行動が目につきます。サマーズ先生は言うことを聞かない子たちにイライラして、そもそもどうして教師になりたいと思ったのかもわからなくなってきました。時々、「今どきの子どもたちは、学ぼうという気がない」と皮肉っぽく思ったりもしています。

廊下の先にあるジャクソン先生のクラスでは、様子が違います。ノートを取ったり講義を聞いたりするのは同じですが、その時間は15分だけです。残りの時間、子どもたちは教室内を歩きまわって、壁に貼ってある大きなチャートで歴史的な出来事を対比したり、ペアになって教科書を読んで今日のトピックのポイントを探したりします。

またＩＣＴ機器を使って、今日の学習目標と関連づけられる最近の文化的な記事を検索します。ジャクソン先生は、年間の進行が完璧だとは思っていないものの、問題行動はほとんどなく、子どもたちは授業に熱心に取り組んでいる様子なので、概ね満足しています。教師1年目にはやることがたくさんありますが、授業の準備に時間をかけると、よい結果につながることがわかっているので、やりがいを感じています。

この例からわかるように、サマーズ先生とジャクソン先生では、授業の進め方がだいぶ違います。ここでは、二人の使っているエンゲージメント戦略に注目してください。サマーズ先生のクラスでは、積極的に関わるような教え方になっていません。受動的にノートをとる、黙読する、講義を聞く、としています。ジャクソン先生のほうは、子どもたちに動きまわらせ、互いに交流する機会を持たせ、有意義な指導法を取り入れています。

ジャクソン先生のクラスを例として取り上げましたが、あなたのクラスが同じようにあるべき、ということではありません。子どもたちが積極的に関わるように、どう授業を行うかは教えている学年や教科、あなたの管理能力などによって変わります。またノートを取らせることや講義、黙読を行うべきではない、と言いたいわけでもありません。多くの場合ノートを取ることは大切で、ノートから学ぶこともあります。新しい内容を伝えるには、講義型の指導がよいでしょう。個別の指導法がその授業にふさわしいかどうかを考えるよりは、次にように自問するといいでしょう。

「今日の授業で、子どもたちはどのくらい積極的に関わるだろう？」

日々の指導でこう考えることで、二つのメリットがあります。一つ目は、問題行動を防げることです。授業を面白いと思ったら、妨害するようなことはしないはずです。サマーズ先生の教え方は、子どもたちを退屈させてしまっていました。退屈すると、子どもたちは別のことに意識を向け始めます（本来は私たちに意識を向けるべきところを）。でもジャクソン先生の教室では、子どもたちは学ぶのに忙しくて他のことを考えている暇はありませんでした。積極的に関わっていると、友達にメッセージを送っている時間はありません。二つ目は、子どもたちのエンゲージメントは、学びの達成と強い結び付きがあるということが研究でわかっているからです（マークス、２０００年）。あなたの授業に関心を持っていれば、教えている内容を習得する可能性は高まります。これはとても大事なことです。教師として、あなたの仕事は子どもたちを教育することですから。

あとは、積極的に参加してもらえる授業を、「どうやって」つくりあげるかです。教える技術を磨くのは、常に進化し続ける目標です。経験豊富な先生のクラスで、子どもたちが毎日身を乗り出して授業に参加している様子を見て、こう思ったかもしれません。「1年目では無理！」。どうか成果を上げている、ベテランの先生方と自分を比べないでください。その先生方の知識や指導戦略は、長年の経験で培われたものです。

計画を立てているときには、こう考えましょう。「この授業の中で、子どもたちを積極的に関わらせる有意義なやり方の〝一つ〟はなんだろう?」。まずは〝一つ〟だけ試してみる、というところに注目してください。教師1年目なら、効果的な指導法を学び始めたばかりのはずです。

そのため、まずは小さいことから始めましょう。たとえば小学校1年生の教師で、音読するときに「単語をゆっくり発音する」というやり方を身に付けてほしいと思ったら、その手法に合わせる手の動きを教えます。そして難しい単語が出てきたら、その練習をさせましょう。中学校1年生の幾何学の教師なら、質問に答えるときは、手を挙げるのではなく、手元のホワイトボードに答えを書くようにします。そうすれば誰か一人だけが答えるのではなく、全員が答えられます。高校の音楽の教師なら、生徒が楽しめて共感する音楽を使って、リズムやコード進行を教えるのはどうでしょうか。

数週間、数か月、時間を経て徐々に教師として成功していくと、戦略も進化していくでしょう。そのときには、成果を上げる指導法と合わせてエンゲージメントにも力を入れられるようになるはずです。幸い、初日からエンゲージメントに重きを置いてきたことで、あなたの指導はよくなっていきます。「未来のあなた」のための指導法のレパートリーを増やすリソースは、たくさんあります。学校の他の教員や指導主事、管理職、ツイッター、ブログ、ウェブサイト、本や雑誌などです。

でもカリキュラムはどうなっている？

カリキュラムに関しては、学校や地域によって違います。「自由裁量」はあまりなく、カリキュラム通りに進めることを求める学校もあるでしょう。また、カリキュラムはあるものの、どう取り入れるかは教師の裁量に任されている学校もあります。さらに、カリキュラムがまったくない学校もあります、その場合は求められている基準を満たす最善の方法を、自分たちで考えることになります。どのような環境であっても、シンプルにいきましょう。

効果的なカリキュラムもあれば、そうでもないものもあります。いずれにしても、カリキュラムを活用してください。義務付けられているからというだけでなく、カリキュラムを活用することで、最初の数週間、数か月を楽に乗り切れます。学校が始まると、やるべきことや克服すべきことが山のようにあって、圧倒されることでしょう。ですから授業の計画を立てるときには、提供された教材を使ったり、基準に合った「既成」の教材を探したりするのを躊躇してはいけません。基準やカリキュラムについてわかってくるにつれ、教える内容についても批判的な目で見ることができるようになっていきます。偉大な熟達した教師は、直観的に行っています。でも新任の教師は、自分自身に対して辛抱強くなりましょう。見たこともないような創造的な授業計画を生み出すのは（まだ）あなたの仕事ではありません。他の人たち（同僚やカリキュラムをつくった人たち、出版社など）の専門知識で、何とかやっていくときです。

教えるカリキュラムではなく、「子どもたちは高いレベルでの学びを達成できる」と信じることを優先させましょう。できないかもしれないと考えたり、同僚からそこまで優秀な子どもたちではないと言われたりして、内容の「レベルを下げる」のは避けます。教材を固める、必要なサポートを提供するなど、子どもを助けることに集中します。もしかしたらその子の人生で、高いレベルで物事を達成できると心から信じる大人は、あなただけかもしれません。ですから、教え子たちを偉大な段階に押し上げる妨げになるのが、あなた自身であってはならないのです。

SECTION 2

子どもたちがやってきた

——さあ、どうする?

7

手順を説明して練習する

手順を導入するには、教師が事前によく考えて教室を準備しておくことが大切です。これが半分だとすると、残りは学校が始まって子どもたちがやってきたときに教師が何をするか、になります。そのため、教師が手順を明確に教えて、一貫性を持って強化することが重要になります。

学級開きの日を想像してみましょう。最初の子どもが廊下を歩いてくるのが見え、ドアのところで出迎える準備をします。まず初めに取り組むべき二つの手順は、**教室への入り方と、入ったら何をするかです。**ドアに近づいた瞬間から、あなたの期待に応えてもらうように導きます。小学生との最初のやりとりをどのように行うのが効果的か、見ていきましょう（すべて自信に満ちた笑顔で言うようにします。あなたは「先生」であることを忘れないように）。

おはようございます！　ウィタカー先生です。これから1年間、皆さんの担任になります。とても楽しみです！　今日は、まず二つのことを覚えましょう。一つ目は、かばんをロッカーに入れること。二つ目は自分の名前が書かれた席を見つけて座って、静かに朝のワークを始めることです。毎日これをしてもらいます。朝来たらすることを繰り返してもらえる？

―（子どもが二つの期待を繰り返す）。すばらしい！　今年1年、とてもうまくやれそうだね！―

中学生とのやりとりの一例も見てみましょう。

―おはようございます！　ウィタカー先生です。今学期、代数を担当します。まず席に着いてください。机の上に年度初めの質問用紙が置いてあるので、静かに取り組んでください。―

二つの例はそれぞれ違いますが、共通する部分があることに注目しましょう。どちらの場合も、ウィタカー先生は、二つのことを子どもたちに伝えています。**「入室時から期待していること」**と**「教室の雰囲気」**です。笑顔ではっきりと説明することで、子どもたちを気にかけていて、体系立ったクラスにしようとしているのが伝わりました。カーニーとマクロスキー（１９８０年）によると「教師に決断力、計画性、チャレンジ精神、行動力が備わっていると感じた子どもは、そうでない子どもよりもその教師に対して感情や行動面でより強いコミットメントを示す」と言います（５４７ページ）。したがって、初めて子どもたちに接するときは、歓迎の気持ちを示すのは大切ですが、これからに向けての期待を説明する際に自信を示すことも同じくらい大切です。

子どもたちは直感的なので、あなたの第一印象が、学級開きやその後のクラスに大きく影響します。ここでは二つの例を挙げましたが、あなたの状況に合わせて変更を加えてみてください。5年生のクラスを受け持ったら自立した子たちが多くて、ドアのところで説明を繰り返す必要はないかもしれません。あるいは高校3年生でも、定期的にリマインドしたほうがいい場合もあるでしょう。いずれにしても、期待することはできるだけ明確にしておきましょう。前述の通り、体系立てたものを緩めるほうが、後から厳しくするよりずっと楽です。

最初の数週間、数か月は、何か活動をする度に手順を説明(おそらくは繰り返し説明)することになります。何を教えていても、どの学年を教えていても、あなたは自分が課した課題をやり遂げる方法を子どもたちに知らせておかなければなりません。どんなときでも、初めにかっちりと体系立てておいて緩めていくほうが、逆よりも楽です。

教室で何かを体系立てることを紹介するときには、以下のステップを踏みましょう。

1　子どもたちに行ってほしい課題を説明する。
2　どのようにやってほしいか模範を示す。
3　何名かに実際に模範を示してもらうか、あるいは課題の説明をしてもらう。
4　少人数のグループに分かれて課題を完了させる(課題の内容や子どもたちの自立の度合いによっては、このステップは省略)。

5　クラス全体として課題を完了する（前のステップでうまくいってから）。

※どこかのステップでつまずいたら、うまくいくまでそのステップを繰り返す

まず、何を期待しているのかを、言葉や行動で明確にしているところに注目してください。はっきりと説明できたと思ったら、実際に一人か二人に模範例を示してもらいます。こちらの言っていることがきちんと伝わっているか、確認するためです。また他の子どもたちに、正しいやり方を再度確認してもらう意味もあります。模範例を行っている子どもに対しては、よいところを取り上げて褒めましょう。もし間違っていたら、穏やかに正しいやり方を説明して、再度行ってもらいます。たとえば、「ジェニーが静かにロッカーに歩いていったのは、とてもいいですね。ジェニー、もう一度、今度は逆の方向からロッカーに歩いていってもらえる？　片づけの時間になったら、そのほうがみんな動きやすいと思うの」。こう言うことで、ジェニーの行動を批判せずに、理由を説明しつつやり直してもらって、今後どういうやり方で行ってほしいかを示すことができました。それから少人数のグループに分かれて実践してもらい、少人数のグループでうまくできたら、クラス全体で一緒に行うようにします（クラス全体がうまくできると確信できてから行うようにしましょう）。

模範例をやって見せたり、うまくできていることを指摘したりというステップは、自分のクラ

スで取り入れるには子どもっぽすぎると感じるかもしれません。中学校の教師の多くは、生徒はやり方がわかっているものと思い込んでいます。ですが、違っていた場合には注意して正さなくてはならないので、正しいやり方を強化するよりも、関係性を築くのが大変になってきます。ここに関しては自分の感覚を信じてよいと思いますが、後から体系立てるほうが難しいということは忘れないようにしましょう。以下に、小学生と中学生に手順を教えて練習させる具体例を挙げます。教師の説明や具体例、言葉などに注目して読んでみてください。

スミス先生の小学校2年生のクラスでは、子どもたちは順序よく並ぶのを学んでいます。ボードには列の順番を張り出してあります。先生はこう説明します。

「これからランチに行くので、ドアのところで並ぶ練習をしましょう。まずはゆっくりと席を立ち、椅子を机にしまいます。それから静かに列の場所に向かいます。まずは先生がやってみせます」。

スミス先生が実際にこの動作を行ってみせます。そして、移動がうまくいったのはどういうところがよかったか、子どもたちに聞きます。さらに、こう続けます。

「このクラスでの正しい整列の仕方を見たところで、みんなの前でやってくれる人はいますか？デヴォンテ、手を挙げてくれてありがとう。では、みんなに並び方を見せてくれますか？」。

デヴォンテがやってみせているときには、いい点をすべて褒めます。「いいですね。椅子を丁寧に机にしまっていますね。そして、落ち着いて列のところに行きました。歩く音も聞こえないくらい、静かでしたね！」。

デヴォンテが席に戻ると、もう一人希望者を募り、その子が実践しているときに、今度は子どもたちにいいところを言ってもらいましょう。それからスミス先生は、子どもたちをテーブル毎のグループに分けます。

「みんながとてもよくできるとわかったので、ランチに行くのに並びましょう！　忘れないでね。ゆっくりと席を立って、椅子を机にしまって、静かに並ぶ、です。一番よくできる、と思うテーブル・グループはどこですか？」。

先生はテーブル・グループを順に指定して、みんなが列に並びました。このやり方は、小学校低学年でしっかりとした体系立てや説明が必要な場合に向いています。

もう少し年齢が上の子たちや、そこまで繰り返しが必要なく、指示が広範囲に及ぶ場合はどうでしょう。ローガン先生の中学2年生の社会科のクラスでは、毎日授業の初めに行う課題の提出の仕方を教えています。「毎日、教室に入って席に着いたらすぐに始める課題を、ボードに貼ってあります。5分間で完成させてください」。説明をしながら、ローガン先生は歩いて実際に各ステップをやってみせます。このステップはボードにも貼ってあるので、それも示します。

5分間のタイマーが鳴る前に課題を終えたら、教室前の机に伏せて置いてある解答シートを見て、自分の答えをチェックします。正解なら、宿題箱に入れます。間違っていたら、席に戻って理由をペンで書き入れます。5分間のタイマーが鳴ったら、教師が全員の用紙を集めます。

この説明にはステップが多いので、ローガン先生は生徒にこう言います。「誰か、5分のタイマーが鳴る前に課題を終えたらどうすればいいのか、説明してもらえる?」。もし生徒がうまく説明できたら、各ステップについて同じように質問していきます。きちんと説明できなかったら、もう一度説明し、実際に行ってみせてから、再度説明を求めます。そして誰か一人に模範例を示してもらいます。その際、期待していることを明確にします。

「この手順で、大切なことがあります。ずっと静かに行うことです。それぞれが一人で行う作業で、みんなにできるだけ集中してもらいたいからです」。

さらに一人か二人に、答えをチェックして席に戻るところをやってもらいます。生徒が十分理解を示したので、四つ目のステップ、少人数のグループに分かれての練習は省略することにしました。クラス全体での練習のときには、ローガン先生は歩いて様子を見て、小さな声でよい点を褒め、またステップを忘れている生徒には、正しいやり方を示すようにします。

「サラ、紫色のペンで採点しているの? すごくいいね。先生も買おうかな」「ジャコビー、先生より字が上手。丁寧に書いてくれてありがとう」「タイラー、だいぶ早く終わったね。一生懸命取り組んでくれてありがとう。何の本読んでるの？　面白い？」。ローガン先生は前面に出していないものの、求めている行動を強化していることに注目しましょう。「サラ、ペンで採点してくれてありがとう」だけではなく、関係性にプラスに働くようなコメントも加えています。ローガン先生は、生徒の反応がいいフィードバックについての知識を活かし、こうしたやりとりの中で実践するようにしています。

５分間のタイマーが鳴ったら課題を集めます。そして、生徒にうまくいったこと、もっとうまく行うにはどうすればいいか、あるいはこの活動で好きだったところなど意見を言ってもらいます。たとえば、以下のような声が上がるかもしれません。「みんなすごく静かでした！」「自分が間違えたところを見直して、ペンで直せるところがよかったです」。今後に向けての改善点は、全体のことでも個人的なことでも構いません。「答えを見に行くとき、お互いにぶつからないように歩くルートを決めたほうがよくない？」「読む本をクラスに持っていくのを忘れないようにしないと」。ほとんどの生徒がうまくできていましたが、何人かそうでない生徒もいました。そこでローガン先生は、別の問題でもう一度練習して、全員に期待されていることを理解してもらうようにします。「みんな、いい意見をありがとう。もう1問、頭の体操にいい問題があるので、この手順をあと一回練習しよう。明日から始めるからしっかり！」。

8 学級経営を行う

自分自身を管理する

子どもたちの管理について話を始める前に、まずは子どもの態度に関して、一番に守るべきルールをお伝えします。それは、**自分自身をコントロールすること**です。どんな場面でも「穏やかに」「毅然と」「自信を持って」いるようにしましょう。子どもたちの行動を逐一コントロールすることはできませんが、自分の言動なら、コントロールできます。

サンタクララ大学のトム・サヴァジとマーシャ・サヴァジは著書『成功する学級経営と規律：自制と責任を教える（Successful Classroom Management and Discipline: Teaching Self Control and Responsibility）』（2009年、131ページ）で、教師は「子どもの尊厳を重んずるべき」と述べています。その理由は二つです。道義的責任と、子どもが守勢にまわって反発するのを防ぐためです。新任教師としてあなたが優先すべきは、自己管理です。

したがって、態度を管理する状況で、常に意識すべきはあなたが何をするか、どういう対応をするかが、うまくいくかいかないかの分かれ道になるということです。あなたは、子どもの態度に対して強い影響を持っているものの、すべてではありません。一方、自分自身に対する影響は100％です。つまり、あなたがすべての出発点になるべきです。このセクションを読んで、これまでの子どもの態度に対する概念を振り返りましょう。そして、これまでしてきたことを強化するか、あるいはこれまでの考えを見直します。忘れないでください。**すべてはあなたから始まります。**

また、常に意識しておかなければいけないのは、その場にいる大人は、あなただということです。子どもたちのお手本になるような大人でいましょう。大人は注意するとき、言い争いません。人をからかったり、侮辱したりするようなこともしません。根に持つこともしません。自分が失敗したときに許してほしいと思うのと同じです。

もし、子どもに「よくない瞬間」があった場合には、適切に対処して先に進むべきです。問題が小さければ、対処するのは1分で済むかもしれません。大事なことなら2時間かかることもあるでしょう。いずれにしても、毎日が新しい1日で、前日に何があろうと、子どもたちはあなたのクラスで歓迎されなくてはならないと覚えておきましょう。あなたは大人で、お手本となるべき存在です。言い争う、からかう、侮辱する、そして根に持つのはやめましょう。

子どもの振る舞いに対処するには、さまざまなテクニックがあります。それでも「学級経営には万能な特効薬はない」と覚えておきましょう。ここでの目標は、あなたの引き出しに学級経営のテクニックを伝授することです。1種類の対応があらゆる子どもたち、あらゆる状況に使えるということはありません。

それでも教師としての旅を始めるに当たって、しっかりとしたスタートを切れるようなテクニックを紹介します。初年度に、そしてその先何年も、あなたは経験や研究、同僚などを通じてさらに手法を身に付けていくでしょう。ここでは、初めて教える教室で使える戦略をいくつか見ていきます。

さりげない方向づけ

思い描いてみてください。クラスの約半数の子どもは、座って静かに課題に取り組んでいます。そのとき、あなたはキャサリンがクラスメイトのアキオとおしゃべりをしているのに気づきました。それが適切でないと子どもたちがわかっているのをあなたは知っています。教室に入るとき、一人ひとりに復唱してもらったからです。あなたにとっては、初めて態度を注意する瞬間がやってきました。さあ、どうしましょう。

大事なことは、とっさに叱ったり、ネガティブな態度を指摘したりしないことです。なるべく大ごとにせず、他の子どもたちを巻き込まないようにします。優れた教師は問題を膨らませずに、小さくします。それには、いくつもの方法があります。キャサリンがおしゃべりをしているのに気づいたとき、まずは**「近づく手法」**を使うことができます。「キャサリン！　今おしゃべりしちゃだめでしょう！」と大声を出して他の子どもたちを巻き込むことをせず、黙ってキャサリンに近づきます。それに気づけば、期待されていることを思い出して、すぐに話すのをやめるはずです。気づかないようなら、そっと肩に触れて何が起こっているかを知らせます。

授業は進んでいき、「近づく手法」はうまくいっています。でも、もしそれで効き目がない場合はどうすればいいでしょうか。教師として、あなたが目指すべきは、教室の雰囲気をポジティブに保つことです。なので、さりげなく注意する別の方法として、「見えているポジティブな態度を指摘する」というのがあります。温かい雰囲気をつくり出し、不適切な態度に対応しつつ、他の子どもたちにもどういう態度が望ましいか知らせることもできます。

たとえば、小学校1年生を受け持っていて、黙読の時間だとしましょう。見ると、ナラがうとうとしています。「ナラ、ちゃんと本を読みなさい！」と言うのは効果的ではありません。そうではなく、ナラに近づいてこう言います。「ナラ！　本の持ち方がとてもいいね。あとで感想を聞くのが楽しみ！」。ナラは黙読の時間だということをわかっているので、やる気が出ますし、本を読んでいなくてはいけないことを思い出します。

次に、中学2年生の体育の教師だとしましょう。授業の終わりに3人の生徒にバスケットボールを集めるようお願いしましたが、一人の生徒はボールを拾わずに、シュートをしています。ここでは「遊んでないでちゃんとしなさい」と怒鳴るのではなく、ほかの生徒に「ボールを集めるのが早いね！　片づけはさっさとしてほしいって先生いつも言ってるから」と声をかけます。そうすることで、騒ぎ立てて雰囲気を壊すことをせずに、全員にボールを早く拾って集めるべきだと伝えることができます。

このポジティブな態度を指摘するときに忘れてならないのは、あなたの言葉は**「心から」のものでなくてはならない**ということです。子どもを褒めるとき、その動機が「他の子たちに聞いてほしいから」ではいけないということです。大人と同じで、下心のある言葉を子どもは嫌います。すべては「教師が本当にこの仕事を好きでいること」に帰結します。目の前にいる子どもたちのことを純粋に気にかけているのなら、感謝の言葉は心からのものになるはずです。学校に通うのは大変なことですし、あなたは教師として高い期待を持っているので、子どもたちが指示に従ってくれるとき、本当に感謝する気持ちになるでしょう。

ポジティブ面の強化は、子どもたちとの親密な関係を築く上でも大切です。そして前述の通り、いい関係性を保つことで、戦略はより効果を上げます。

近づくこと、ポジティブな言葉かけをすることを続けていても、まだ問題行動に悩まされることもあるでしょう。クラス全体に向けて指導をしている場面を考えてみましょう。

アイデンが教室の後ろに置いてある教材をいじってふざけています。まずは近づき、肩に触れ、近くの席の子が集中して話を聞いてくれているのを褒めました。それでも効果がありません。ここでは別のやり方が有効です。アイデンが手にしている教材を取り、心を込めてこう言います。「これは先生がしまってあげるね」。どんなにイライラしていたとしても、その子には、本当に力になってあげたいと感じてもらえるように、ふざけていたことを咎める調子にならないようにしましょう。また、「それ、こっちに渡して」と言って、アイデンが渡すのを待つことはしていないことにも注目しましょう。そうではなく、声をかけると同時に、教材を手に取っています。これには関係性を示すことと、大ごとにせず他の子どもたちを巻き込むのを防ぐ意味があります。

さりげなく注意するための最後の手法は、ついていくのに苦労している子どもを授業にもっと巻き込むやり方です。たとえば質問をして、その子を当てて答えてもらう、黒板に情報を書くときに手伝ってもらう、あるいは30秒のペア活動をしてその子が発言するなどして責任を持たせることが考えられます。前にも触れていますが、授業の計画自体も態度を管理することにつながります。あなたの授業が楽しくて成果を上げるものであれば、あまり問題行動は起こらないからです。

こうした子どもに対して、必要に応じて教室の外に出て少し話す時間を取ることも考えられます。休憩時間を利用してもいいでしょう。何か変わったことがないか確認するためです。

声のかけ方としては「アイデン、今日はいつもと様子が違ったようだけど。大丈夫?」といった感じです。不適切な行動に気づいたと同時に、アイデンの幸せを心から願っていることを伝えます。こうした短い会話は、苦労している子どもたちとの関係性を築く上で非常に大切です。もしかしたらその日の朝、家であったことを引きずっていたのかもしれませんし、たまたまエネルギーが有り余っている日だったのかもしれません。会話がどういう方向に進むかはわかりませんが、話し始めは、心から子どものことを気にかけるところからスタートしましょう。「悪気はなかった」という前提で会話をすることが、その子との絆を強めるのに役立ちます。

直接的な指導への方向転換

次の選択肢は、「直接的な指導への方向転換」となります。

問題を指摘するのを避けるのではなく、穏やかに自信を持って正面から向き合うことになります。改めて最初の例を見てみましょう。キャサリンが授業中におしゃべりをしています。近づいてみましたが、効果がありません。周囲の子どもたちを褒めましたが、効果なし。授業にもっと関わるようにしましたが、それでも効果がありませんでした。これはもっと直接的に指導するタイミングです。言いたいことが伝わっていないか、わかっていて従っていないかです。

キャサリンのところに行き、手早く、でも真剣な口調で注意しましょう。大切な指導の時間に、クラスメイトの学びやあなた自身の集中力に影響が出始めています。状況の深刻さに応じて、話し合いには2通りのやり方があります。どちらを選ぶにしても、意地悪、侮辱、皮肉は絶対に避けてください。単に毅然とすればいいのです。最初のシナリオはこうです。まずは、その子がどうしてそういう態度をとっているのか「理解できる」ことを伝えて、次に、なぜやめなくてはならないかを説明します。たとえば、小声でキャサリンにこう言います。

「キャサリン、代数よりおしゃべりのほうが楽しいのはわかる。でもね、先生は指導の時間は大事だと思っていて、あなたにも同じように大事に思ってほしいの。先生はあなたのことを気にかけていて、成功してほしいと思っている。そのためには今は集中する時間だよ」。

このとき、意地悪な口調ではなく、毅然として真面目に話していることが伝わるようにします。「気が散っている理由はわかる」「彼女のことを気にかけている」「成功するには集中する必要がある」ということです。

もう一つの方法は、個別に話をしてあなたがどう感じているか、彼女のどういう言動がその原因となっているか、どうしてほしいかと、はっきりと伝えるやり方です。前の例と比べてより子どもの態度が悪かったとき、あるいはあなたが本当に傷ついたと感じたときに活用するといいでしょう。

たとえば、小声でこう言います。

「キャサリン、先生が指導しているときに、あなたがクラスメイトの注意を反らしているのが気になるの。あなたもまわりのみんなも気が散らないように、きちんと座って集中してね」。

ここでは子どもに焦点を当てるのではなく、「彼女の行動が誰に影響を与えているか」「やめる必要があること」を知らせています。どちらも、どうして態度を改める必要があるのか、その理由を説明しています。これはとても重要です。あなたの言うことを受け入れる機会を与えることになり、クラスの雰囲気や教師と子どもの関係を壊す言い争いを防ぐことができます。

あなたが、問題行動をしている子どものところに歩いていけない状況だったとします。小学3年生の教師で「読むこと」の指導している、あるいは中学3年生を受け持っていて子どもと1対1の話し合いをしている、などです。授業を中断してその子に注意しにいくと、貴重な指導の時間が奪われてしまいます。研究者によっては、子どもを皆の前で叱ることはしてはいけないとしていますが、いつでも「最善のシナリオ通り」というわけにはいかないのが、教師の仕事の現実です。私たちは、その時々の状況で最善を尽くすしかありません。そのため、人前で子どもを注意しなくてはならないとき、どのように行うのが適切かを、これから説明します。

最初にできることは、その子ども、ジョーダンとアイコンタクトを取ろうとすることです。次の行動は、ジョーダンの態度によって2通り考えられます。もし、たまたま鉛筆で机をトントンと叩いて大きめの音を立ててしまっている、身を乗り出して別の子に話しかけようとしている、といった些細なことであれば、にこやかに黙ってアイコンタクトで警告することが考えられます。もし行動に少し問題があり、すでにやめるようにこやかに注意をしていたら、表情を引き締めましょう。たとえば眉をつり上げる、唇を固く結ぶなどして、彼のしていることは間違っていて、やめなくてはいけないことが伝わるようにします。両方とも静かに行われますが、対象となる子どもには態度を改めるよう、促しています。

最後の戦略は「直接的な指導への方向転換」の中でも特に踏み込んだもので、あなたは子どもに声に出して伝えます。何度か試してもアイコンタクトが取れなかったら、そしてまだ教室内の離れた場所で別の子と作業をしていたら、名前を言っても構いません。ポイントは、どういう言い方をするかです。もし、「ジョーダン!」とできる限り大声で叫んだら、あなたは残念ながら自分をコントロールできなくなっていて、クラス全体が何が起こっているかを知ることになります。これはまずい状況です。一人の子の問題に全員を巻き込むのはできる限り避けるべきだからです。そのため、なるべく友好的に、あるいは毅然とした調子で名前を呼び（問題行動がどんなものかに応じて）、それから前述した二つの方法のいずれかと組み合わせれば（無言の「やめてもらえる？　ありがとう」、あるいは表情で伝える）、あまり他の子どもたちの気を散らさずに行動を改めることができます。子どもとの関係が築けていて、安全なクラスの雰囲気をつくりあげていて、名前を毅然と、かつ善意を込めて呼ぶことができていれば、この注意により子どもを傷つけたり、クラスをネガティブな空気にしたりすることはありません。

この最後の方法は、必要に応じて使うべきものではあるものの、最初に取るべき行動ではありません。まずはさりげなく注意を促し、次に個別にコミュニケーションを取り、その後の最終手段として使うべきものです。もし、皆の前で何度も繰り返し名前を呼べば、クラスの雰囲気やその子どもとの関係にも影響します。**いつでも、できるだけ影響が少ない注意の仕方を選ぶようにしましょう。**

ペナルティを受け入れる

あなたが遭遇する問題行動の大半は、これまでに説明してきたやり方で解決するはずです。きちんと体系立てができていれば、ほぼうまくいきます。その上で、子どもの問題行動に対して、何かペナルティを課す必要が出てくるケースもあると思います。ただし、どんな場合に、どういう形で、というのは難しいものです。自分が期待することをじっくり考え抜いたとしても、新任の教師の場合、本当は子どもたちにどうしてほしいのか、どうしてほしくないのかが実ははっきりしないことがあるからです。

ここで、ルールの候補を考えたリストの出番です。このリストは年月を経て変化を遂げ、進化していくでしょう（まったく問題ないどころか、とてもいいことです！）。そして最初の数週間、1年目の先生が何が許せて何が許せないのかを判断するときに、このリストを参照するのはとても役立ちます。

何をペナルティとして課すかは、教師によって違います。教室の管理システム、指導のスタイル、子どもたちによっても変わってきます。繰り返しになりますが、大切なのは、以下の四つの基準に当てはまるものを選ぶことです。一貫性、合理的、公平、そして問題行動を繰り返させないことを目指すことです。あなたの手元には、使うかもしれないペナルティのリストがすでにあるので、あとはどのように導入を進めていくかです。

ペナルティを子どもに課すときには、他のシナリオと同様、穏やかさは保ちつつ、話すとき、行動するときには自信を持つようにします。「ナターシャ、そういうことをするのは残念です。

移動の休憩の1分を差し引かないといけませんよ」。あるいは声に出さずに、静かに行われることもあるかもしれません。チャートに、対象となる子どもの名前を動かすなどです。

どちらの方法であっても、敬意を持ちつつ、毅然としているのが大切です。本気だということが伝わるようにしましょう。ジム・フェイとデイビッド・ファンクは『愛と論理で教える(Teaching with Love and Logic)』の共著者で、共感してペナルティを課すのが大切だと言っています。「成果を上げる教師は、ペナルティを課すときに共感と理解を示す」(36ページ)。自信を持って、かつ共感してペナルティを課すと、あなたが決まりに対して毅然とした態度を取ると同時に、子どもたちを気にかけてうまくいってほしいと願っていることが伝わります。仮に注意をしている子どもが腹を立てたとしても、他の子どもたちはあなたが公平で合理的なのを見ています。プロフェッショナルな態度で対応したので、皆が彼女の肩を持つこともありません。

ペナルティを課すあらゆる状況において、**一貫性**が鍵となります。ですから、自分の言ったことに責任を持つため、何らかの記録を残す仕組みを使うのがおすすめです。最適な言葉、タイミングでペナルティを課したとしても、一貫性を持って行わないのなら(たとえば、休憩時間を1分減らすのを忘れるなど)、子どもたちは真面目に取り合わなくなります。チャートにして見えるところで記録してもいいですし、付箋にメモするといった簡単なやり方でもいいでしょう。どんなやり方にせよ、自分で把握できること、一貫性を維持することが大切です。

また、子どもが反発してきた場合にも備えておきましょう。たとえば、休憩時間から1分減らした直後に「でも、何もしていないのに！」とその子が叫んだとします。新任の教師にとって、これはかなり難易度が高い状況です。多くの場合、以下の二つの誤った反応をしてしまうからです。①「その子の言い分を飲んでしまう」。あるいは②「負けずに乱暴な、嫌みったらしい、脅すような口調で応戦して、さらに状況を悪化させてしまう」です。

もし、子どもが反発してきたからといって判断を変えてしまえば、その子のみならずクラス全体に、つけ込みやすいと思われてしまいます。そうなると教師としての威厳が損なわれ、子どもたちからリーダーとして慕われなくなります。また乱暴な、嫌みったらしい、脅すような口調で応戦すれば、その子ども（聞いている他の子どもたちも）との関係性は崩れ、回復は難しくなります。

こうしたやり方ではなく、他に対応する方法は状況に応じていくらでもあります。まずは、反論には耳を貸さずに授業を進める、という方法があります。一般的にはこれが最善の反応でしょう。影響が少なく、あなたはもう先へと進んでいることをクラス全体に示しています。その子が不満を1回爆発させたいだけ、というときには特に有効です。ただし、ガス抜きをしていただけではなかった、ということも考えられます。教室内での力関係を覆そうとしていた、という場合です。このようなとき、そうした態度は不適切だと知らせるために、別の対応が必要になってくるかもしれません。

やり方としては、その子が落ち着くまで静かに立って待つ、というのが考えられます。あるいは気持ちを込めて「そんなふうに感じているなら残念だわ」、もっと強めの態度が必要であれば、その子の態度が不適切であることを伝えて、理由も説明するといいでしょう。「ナターシャ、今のは失礼で不適切です。これ以上授業時間は使えないけど、よかったらあとで話しましょう」。

どのようなやり方をするにせよ（あなたと子どもたちに最適なもの）、忘れてならないのは、最終的なゴールは、不適切な行動を二度と起こさせないということです。

あなたが言ったことに責任を持つ教師であった場合でも、それが気に入らない子どももいるかもしれません。そして、いかに気に入らないかを、皆に知らせたいと考える可能性もあります。こうした態度に対処するときに覚えておきたいのは、「完璧な対応」はないということです。それでも望ましくない極端な行動に対応する際に、どのような選択肢があるのかを理解しておくことは大切です。

教師1年目であれば、何がうまくいくのかをこれから探っていくところでしょう。練習と経験を積めば、難しい子であっても、何に対して反応するのかがわかってきます。

たとえば、引き続きナターシャが問題行動をとっているとします。ナターシャが「何もしていないのに！」と大声を出したためペナルティを課すと、自分の席まで戻るときに、椅子を蹴って「このクラス最低」と声を潜めて言いました。あなたは少し落ち着く時間を与えましたが、彼女の態度はエスカレートする一方です。あなたに、クラスに、学校全体に、自分がいかに腹を立てているか知ってもらいたいようです。あなたとクラスにとって、1年の初めであれば特に、正念場です。ナターシャは反抗的な態度をとることであなたを挑発していて、他の子どもたちはそれを見守っています。

こうした態度が許されていると思われたくなければ、次の行動に移りましょう。バディ・ルームの活用、保護者への連絡、個別の話し合いなど、それが何であれトライアル・アンド・エラーとなります。一番効果がありそうなものを選んで、どうなるか見てみます。効き目があれば、すばらしい。なければ、次回は別のやり方を試したほうがいいのだとわかります。家庭や他のクラスでも、ナターシャが同じやり方で自分の望み通りにすることもあり得ます。ですが、あなたの教室ではそれが通らないとわかれば、彼女の態度は驚くほど変わっていくはずです。

最後に、結果として「ペナルティを課すことですべてうまくいくわけではない」と覚えておきましょう。ある子どもではうまくいったけど、別の子では効き目がなかったということもあるでしょう。同じ子どもでも、今日はうまくいったけど、次の日には効き目がなかったということもあります。そのため、いつでも関係性を築くように努めるのが大切です。信頼関係があれば、あなたをがっかりさせるようなことをするのは気が咎めるはずです。その上で、最終的なゴールは「子どものモチベーションを上げること」だと覚えておきましょう。

究極的には、あなたが「そう言ったから」指示に従うというのは望ましくありません。「学びを尊重しているから指示に従う」となってほしいのです。これは言うは易しで、経験も必要でしょうが、難しい対応をしているときに、頭の片隅に置いておいてください。

個別のケース・スタディ

これまでに挙げた手法をすべて使っても、一人や二人、困った態度をとる子どもがいるかもしれません。たとえば、アーロン一人の行動に問題があるとします。前述の戦略を用いても、同じ問題が繰り返されています。おしゃべりをする、課題を終わらせない、クラスメイトとふざける、乱暴な言動など。どうすればいいのでしょう?

まず、アーロンが他の子どもたちに影響を与えていないようであれば、柔軟性のある対応が考えられます。クラスはあなたが望んだ通りの雰囲気になっていて、問題のある行動をとっているのは一人だけ、ということです。もしも複数の子どもたちが問題行動をとっているのなら、真剣に「リセット・ボタン」を押すことを考えざるを得ないでしょう。ここについては、本書で後ほど詳しく説明します（147ページ参照）。

また、アーロンのような子と接する際に、言い訳をしても問題の解決にはなりません。「家庭環境が厳しいから学校でお行儀よくするのは無理」と考えてしまうのは、彼に対して、他の子どもたちに対して、そしてあなた自身に対してもよくありません。**その子の潜在能力を見てあげましょう。**あなたは教師であり、彼には成功する能力があると信じている、学校中でたった一人の人物かもしれないからです。

アーロンに手を差し伸べるための思考プロセスを見ていきましょう。まず、私たちはあなたが「アーロンといい関係性にある」という前提で話をしていきます。もしそうでなければ、問題を解決するに当たって、そこに注力する必要があります。

最近の研究でわかっているのは、教師は学級経営を**「人間関係を築く継続的なエクササイズ」**として捉えるのがよく、特に難しい子どもにはこれが当てはまる、ということです（ビーティ・オフェレル、グリーン、ハンナ、2010年、10ページ）。指導がうまくいくかどうかは、子どもたちとの関係性が基本になっていることを肝に銘じておきましょう。

では、プランに戻ります。まず初めに、次の三つの質問を自分に投げかけてみてください。

☑問題が一番多く起こるのはいつ？
☑私がしていることで、問題を長引かせていることはある？
☑問題を解決するために、私ができることは何？

最初に行うべきは、アーロンについて考えることです。問題が一番多く起こるのはいつでしょう？　小学校で教えているなら、時間帯を考えます。午前中、それとも午後でしょうか。算数の前、ライティングの最中？　ランチの後？　あるいは特別授業の最中？　細かい時間の区切りで考えます。教室に入ってきた直後？　授業開始10分くらいしてから？　グループ作業の最中？　学校外のことと関係があるということはないでしょうか。たとえば、前の晩に母親ではなく父親と過ごした日に荒っぽくなるとか。ノートパッドかデバイスに記録して、問題発生の時期を特定できるようにするのもいいかもしれません。パターンを知るのは大切で、あなたが介入するプランを立てる際に役立ちます。

パターンを見つけたら、その状況で自分がネガティブな要因になっていないか考えます。授業の初めにいつもネガティブな行動が見られるようなら、何か理由があるのかもしれません。あなたが決めた座席が、彼の成功を妨げている可能性はないでしょうか？　授業開始の際、しっかりとした体系立てはなされていますか？（「ダウンタイム」はなし、すぐに取り掛かる課題があるなど）子どもの態度に一番影響力があるのは自分だというマインドセットを持つようにしましょう。そして、自らの言動が問題行動の要因になっていることがあるかもしれないと、振り返りをします。

こうした質問について考えた後、どんなふうに手を貸すのがいいかを検討しましょう。ここは新任教師には難しい部分です。ベテランの先生のように、引き出しがいっぱいというわけにはいきません。また、自分一人では解決できず、カウンセラーやソーシャル・ワーカーなどの手を借りなければならない場合もあるでしょう。校内外を問わず、手を借りたりアドバイスを求めたりするのに、躊躇しないでください。校長やメンター、指導主事などに話してみましょう。さらには本や記事、オンラインで調べてみてください。アーロンのような子どもに対して、簡単な答えというのはありません。状況を批判的な目で捉え、あなたの教室でアーロンが成功できる方法にたどり着けるようにしましょう。

「もしも、こうなったら」の状況

起こり得る問題行動の99％について、どう対応すべきか考えてきましたが、まだ「もし、こうなったら」どうしよう、ということがありますよね。

もし、机を投げる子がいたら？　いきなり教室を飛び出していったら？　子どもたちが喧嘩を始めたら？　学級経営について計画を立てるとき、こうしたことを考え始めると、とりとめもなく不安になることでしょう。問題に対処する手順を準備しておく必要があるものの、こうしたことが起こるかもしれないと想像するだけで恐ろしいものです。それでもほとんどの場合「さりげない方向づけ」と「直接的な指導への方向転換」の手法に集中しましょう。それさえきちんと押さえておけば、「もし、こうなったら」という状況はほぼ、あるいはまったく起こらないはずだからです。

ここで、こう思っている人もいるのではないでしょうか。「わかっていない。私は『あの』学校で働いているの」「インナーシティ（都心の貧困地区）の子どもたちは生活が大変で、殴り合いが日常的に行われている。うちのクラスにいるのは、そういう子たちなんだ」「他の先生方から、どんな子たちか聞いています。感謝祭の休暇の前に笑顔は禁物だと」。もし、そういう思いが浮かんだなら、自分も子どもたちも失敗に向かってしまっています。「あの子たち」と接しているからそうした姿勢は普通だと感じているのなら、もうすでに言い訳が始まっています（言い訳についてはもう出てきましたよね！）。

私たちはあなたに、二つのことを信じるよう伝えてきました。すべての子どもたちは大切で、学ぶ能力があります。ここで言う「学ぶ」とは、勉強だけではありません。態度や感情面での学びも含まれます。どのような学校環境にあっても、あなたの教室では子どもたち全員に学ぶ能力があると信じることが大切です。もし、自分の学校で他に例がないのなら、ぜひ例外になってください。それが子どもたちにとって一番いいことです。

さて、実際に「もし、こうなったら」という場合にはどうしましょう? 考えるのも恐ろしいものですが、きちんと計画しておけば、あらゆる状況に対応できます。まずは、こうした事例が発生した場合の学校の方針や手続きをよく把握しておきましょう。一般的に、学校では喧嘩や武器の持ち込みなどの「もしも」の場合に備えて決まった手順があるものです。あなたはそのリソースを使うべきですし、また、使わなければなりません。学校のマニュアルを確認したり、管理職に確認したりしておきましょう。さらには、こうした事態が起こったら助けを求めるべきですし、また求めなくてはなりません。これは管理職が関わるべき事態です。教師として(新任教師なら特に)、一人で対応すべきではありません。

修復して立て直す

私たちは教師ではあるものの、皆人間で、失敗もします。もし、子どもとの関係性を損ねるようなことをしてしまったと気づいたら、謝るのをためらってはいけません。前に出てきた例で、あなたはナターシャが問題行動をしているのを見たと思い、ペナルティを課しました。「でも何もしていないのに！」と彼女は反論しました。実際には何かをしていた可能性があるのと同時に、あなたが勘違いしていた可能性もあります。

その場合は、あなたが歩み寄るまでナターシャの怒りと不満は収まらないでしょう。でも間違えたとしても、あなたがその子のところに行き、間違いを認めて誠意を持って謝れば、関係性は修復できます。

たとえば、ナターシャと話したところ、本当に何も悪いことをしていなかったことがわかったら「ナターシャ、していないことをしたと言ってしまってごめんなさい。先生でも間違えることはあるから、何があったのか話してくれてよかった」と謝ります。心からの謝罪であれば、どんな謝り方でも大丈夫です。間違えたと気づいたら、すぐに謝るようにしましょう。謝ることを大切にすることで、関係性を守り、育むことができます。

感情的な行き違いがあったとして、場を収めるのは謝罪の言葉です。偉大な教師は、修復が必要になることはほとんどないにもかかわらず、関係性をさらによくしようと常に努めています。逆に修復が必要なのに、あまり熱心に取り組まない教師もいます。

たとえば、素晴らしい教師は火曜日の朝、こう言います。「昨日は少しぶっきらぼうになってしまってごめんね。少し具合が悪かったんだ。謝ります」。本当に偉大な教師に対しては、子どもたちは「気にしてないからいいよ」とは言いません。「全然気がつかなかったよ」となります。少しでも気になるのなら、修復に努めましょう。

最後に

最後に、求めている期待や計画通りに行動管理がいかなかったとしても、何も恥じることはありません。子どもたちは人間で、人間というのは複雑なものです。教師1年目には、学ぶことがたくさんあります。**子どもたちには失敗を恐れないよう教えるのですから、あなた自身も失敗を恐れないようにしましょう。**

もしかしたら校内に、学級経営に関する悩みに対して、親身になってくれない先生もいるかもしれません。でも、その先生は教師1年目の大変さを忘れてしまっているか、あなたを下に見ることで自分が気分よくなっているかのいずれかです。もしかしたら、あなたの悪いところを指摘することで、自分自身の学級経営に対する不安を隠そうとしている可能性すらあります。

誰が何と言おうと、事態を改善することはできますし、実際によくなります。本書に書かれている戦略やオンラインで見つけた戦略などをすべて動員しましょう。さらに同僚に意見を聞いたり、授業を見学させてもらったりしましょう。思いつく限りの戦略を試してみて、それでも状況が悪化し続けるようなら、臆せずに助けを求めます。同僚、管理職、あるいは個人的にお世話になった教師など、助けてくれる人は必ずいます。あなたは一人ではありません。そのことを忘れないでください。おそらく相談した相手は、自分の「苦労した日々」を鮮明に思い出し、あなたの状況がよい方向に進むよう、喜んで力を貸してくれるでしょう。

教室内で起こる事象で、まだ誰も解明していないことは、ほぼありません。そういう知識を持った人の見つけ方や必要に応じて指導を受ける方法については、後述します。私たちは完璧を求めているのではなく、常によくしていくことを求めていると、覚えておきましょう。成果を上げる教師は、自分に厳しいものです。彼らが特別である理由の一つです。ただし自分に厳しいというのは、助けを求めたり失敗したりするのを恐れることではありません。**助けを求めるのは、弱さではなく強さの現れです。**そうすることで他の人たちもあなたに相談しやすくなります。あなたは教師1年目です。答えを知らないと知ることが、答えを見つけるための第1歩となります。

SECTION 3

大人との協働

9 管理職と働く

教師になろうと決めたのは、若い人たちに影響を与えたいという思いがあったからではないでしょうか。子どもたちと共に働きたいという思いが、あなたを突き動かしたはずです。でも、教師になる準備を進めるうちに、学級経営に不安を感じ始め、気持ちが揺らいだかもしれません。

子どもたちが言うことを聞いてくれなかったらどうすればいいのか。特に難しい子にはどう対応すればいい？　子どもたちに嫌われたらどうしよう。

こうした不安は、教室での子どもたちとの関係性にまつわるものです。そして不安になるのは、ごく自然なことです。成果を上げるには、機能的に動くクラスづくりが大切です。本書が学級経営、子どもたちの態度、体系立て、授業計画などに多くのページを割いているのはそのためです。こうしたことがうまくいかないと、教えるのはとてつもなく大変で、あなたはイライラし、ぐったり疲れてしまいます。でも、子どもたちとのいい関係を築く以外にも、考えなくてはならないことがあります。**学校の内外の大人と、生産的な交流を図る**ことです。

このセクションは、書くのに気を遣う部分です。子どもに関しては、教師としてある程度の共通点が見いだせるものです。教室や学年が違っても、やりやすい子がいて、あなたの忍耐力や能力が試されるような子もいます。初日に教室に足を踏み入れる前からわかっていたことです。学校によって、課題のある子の割合は違うかもしれませんが、どの教師も直面することです。対して接する大人に関しては、学校や年齢などによって、かなり大きく違います。私たちが目指すのは、どんな局面であっても、あなたの手助けをすることです。

事務的なサポート

テレビや映画に出てくる校長先生は、どこか不器用だったり無骨だったりすることが多いようです。映画『フェリスはある朝突然に』で描かれる校長先生など、よい例でしょう。あなたも学校に通っていたとき、何人かの校長先生を見てきたのではないでしょうか。怖いイメージの先生もいたでしょう。問題に巻き込まれたり、悪いことをしたりしたときだけ関わるイメージの先生もいたかもしれません。ほとんど接点がなかった人、しょっちゅうやりとりしていた人もいるでしょう。学校によっては、「校長先生って何をしているのだろう」と思われていたかもしれません。

校長先生についてはともかく、あなたに一番関係するのは上司でしょう。もしかしたらあなたを採用し、評価し、サポートしてくれている人かもしれません。あなたが直接関係する管理職について考えます。ここでポジティブな関係を築くのは、重要です。彼らをサポートするのも、教えることの一部です。

多くの学校では、校長先生は採用プロセスに深く関わっています。あなたを学校の一員に迎え入れたのですから、いいことです。それだけでもすでにプラスです！　才能と可能性を評価されたのです。ほとんどの場合、校長が望まなければ、その学校にあなたはいないはずです。でもあなたは選ばれ、役割を持っています。あらゆる職業について言えることですが、校長のスキルには幅があり、「ボス」に対する評価もさまざまです。

教師と校長の関係は、教師と子どもの関係と比べることもできます。

ある子どもはいつでも準備ができていて、一生懸命に努力し、いつでもベストを尽くしています。さらには、子どもたちのスキルにも幅があるものです。ほぼ指導が必要ない子どももいます。成功するにはあなたの手助けが必要で、それを歓迎する子もいます。

もしかしたら数人、反抗的であなたの指示やサポートを聞かない子もいるでしょう。そして態度を正そうとすると、すぐに守勢にまわったり、いきなり攻撃的になったりすることがあるのは、ご存知の通りです。そして、自分が子どもだったときのことを思い出してみても、教師のスキルにも幅があります。子どもたちを行儀よくさせるのに苦労する教師がいる一方で、簡単そうに行う教師もいます。皆から支持されている教師もいれば、評価が分かれる教師もいます。これは教師と校長の関係に似ているかもしれません。

校長が成果を上げていれば、おそらく学校で教師や保護者に尊敬されているでしょう。もし、成果を上げられていなかったら、支持する人も少なく尊敬も集められないでしょう。そしてもちろん、多くの校長はこの二つの間のどこかにいます。

新任教師として、あなたが校内の全員といい関係を築こうとするのは大切です。その手始めとなるのが管理職です。

あなたの学校のリーダーたちがとても優秀なら、簡単です。向こうから個人的に話しかけてくれるでしょうし、定期的に手助けを申し出てくれ、早めに教室に来て、あなたを褒めてサポートしてくれます。こうした人たちのことは自然と敬えます。同僚も褒めているでしょうから、すぐに賛同できます。

ただリーダーの中には、さまざまなレンズを通して見られている人たちもいます。たとえば、校長が子どもを謹慎処分にしたら、その保護者は穿った見方をするかもしれません。同様に校長がある教師を叱責したら、その教師はネガティブな見方をするかもしれません。

新任教師として、こうしたことを分析する必要はありません。あなたが行うべきはポジティブなアプローチを心がけ、管理職たちをサポートしたり、彼らと交流する機会を持ったりすることです。

チームプレーヤーであることは大切で、キャリアをスタートするに当たっては、そのことを自分の役割として意識すべきです。ここについては、次の項でも詳しく説明します。管理職について、ネガティブなことを言う人やグループには加わらないのが賢明です。得ることがなく、学校にとっても、自分の精神衛生上もよくありません。校長先生は最善を尽くしていると、心に留めておきましょう。その仕事は複雑で、多くの側面があるのです。

高校の教師が理路整然と、計画を立てるのは1日の終わりがよいと主張したとします。でも1歩引いて見ると、そんなには時間がとれない人もいます。子どもたちを放っておくわけにもいきませんから。リーダーを批判するのは簡単ですが、実際になってみると大変です。他者との人間関係が必要になる前に関係性を築いておきましょう。

教師１年目、職場の人間関係とは？

教師１年目

あなたが校内の全員といい関係を築こうとするのは大切

↓

まずは管理職との関係を大切にする！

↓

あなたがやるべきこと

① ポジティブなアプローチを心がける

② 管理職をサポートし交流する

③ ネガティブなグループに加わらない

校長は最善を尽くしていると、心に留めておく

新任教師は校長の能力を分析することはしない

Point

チームプレーヤーであることは大切で、キャリアをスタートするに当たって自分の役割として意識すべき。他者との人間関係が必要になる前に、管理職との関係性を築いておく。

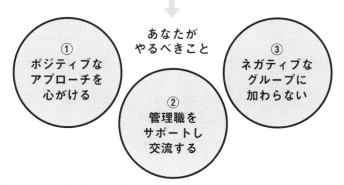

10 同僚と働く

同僚のサポート

ご存知のように、どのクラスにも日々を楽にしてくれる子、私たちのエネルギーを使う子がいます。正しいことをしたい子、どこまで大丈夫なのか限界を試したい子も。

考えてみれば、みんな大人になります。教師になる子もいるでしょう。子どもたちのスキルや態度がそれぞれ違うように、大人のスキルや態度も実にさまざまです。どの学校にも毎日一生懸命働き、ポジティブな態度で、子どもに変化をもたらしている教師が大勢います。

こうした先生方を探しましょう。
そして彼らから学びましょう。
アイデアを拝借しましょう。

本当に秀でた教師なら、喜んでシェアしてくれるはずです。彼らの経験やエネルギーを分けてもらいましょう。機会があれば、計画を立てているときに、その教師のクラスを見学させてもらってください。ベスト・オブ・ザ・ベストから学んでください。優秀であればあるほど、歓迎してくれるものだと覚えておきましょう。

こうした先生の教室があなたの近くで、教えている学年や教科も同じで、計画の時間やお昼の休憩時間も一緒なら理想的です。そのうちの一人はあなたのメンターで、信頼できる同僚かもしれません。

もし、つながりが持てたら、彼らのよいところをとことん吸収しましょう。そのことがあなたの教師1年目を、そして教師としての残りの年月を、より楽しいものにしてくれます。その特別な人、あるいは人たちを、私たちは**エンパワラー（力をくれる人）**と呼びます。前進あるのみです！　ここについては次の項で触れています。ただし、毎日をこうした利他的な考えで過ごしている教師ばかりではないことも、お伝えしておかなければなりません。

子どものころ、年間で授業があと何回あるか、黒板にカウントダウンを貼っていた教師がときどきいました。当時、あれは子どものためだと思っていました。考えてみると、先生たち自身のためだったのかもしれません。「今日は機嫌が悪いからね」と言っていた教師はいましたか？

あなたの学校で、クラスにやってくる子どもたちを他の先生方がどのように迎えているか、観察しましょう。

☑毎日、気分に左右されずに、笑顔で個別に挨拶している先生はいますか？

☑１週間の中でも日によって気分にむらがあったり、好き嫌いによって温かい笑顔での挨拶をしたりしなかったりという先生はどうでしょう？

☑子どもたちがやってきても、毎日笑顔を見せない先生はいますか？

☑あなたはどうでしょう？　どんな先生になりたいですか？　どんな先生と付き合いたいですか？

教師というのは、とてもやりがいのある職業です。これは間違いありません。

それと同時に、情熱やエネルギーを要します。**日々ポジティブな精神状態でいることが、とても大切です。**人は、自分と同じような能力や信念を持った人と交流する傾向にあります。ポジティブな人は、同じような姿勢の人に惹かれます。ネガティブな人は、文句や愚痴を言う人たちといるほうが心地よいのです。

新任教師であるあなたを迎え入れようと、さまざまなグループから働きかけがあるでしょう。いつも不平不満を言っている人たちは、あなたの周辺でも不満を漏らします。調子を合わせれば、取り込まれるかもしれません。「働かされすぎ」「給与が少なすぎ」「評価されなさすぎ」と感じている仲間を見つけたいのですから。

でも、仲間に加わらないようにしましょう。

彼らは人を引き寄せるのに長けていて、フレッシュな人を特に好む傾向にあります。小学校にたとえて考えてみましょう。翌年にクラスを受け持つ先生に向かって、どんなにひどい子どもたちを受け持つことになるか、待ちきれないように話す教師がいるという話を聞いたことはありませんか？

こうした教師は翌年の担任の先生に偏見を植えつけていますし、新年度前の休暇中に不安になってしまうことで、休暇を台なしにする可能性さえあるというところに気づかなくてはなりません。そしてもっと大事なことですが、子どもたちにも害を及ぼしているのです。翌年も、子どもが学びを達成しないことを望んでいる態度ですから。

同僚の大多数は、すばらしく協力的な存在です。ですが残念なことに、中にはその道を選ばない人もいます。教師として記念すべきスタートは、すばらしいものにしましょう。そのことを念頭に置きつつ、日々あなたに自信をつけてくれる特別な人たちを探しにいきます。

11 エンパワラー

エンパワラーと進んでいく

教師になって1年目、毎日が円滑に進むよう、あなたは信じられないくらい懸命に働くことでしょう。授業計画を立てるにも、かなり時間をかけるはずです。毎日、子どもたちと関係性を築くようにします。クラスでも学校でもポジティブな影響力となれるよう、接する人みんなに笑顔で挨拶するように努めます。そこに、思ってもみなかったことが起こります。

私たち人間は、どんなに努力しても、誰もがどこかの時点で、予想外の、ひどい、最悪な日々を味わうことになります。授業がうまくいかなかった、あるいはネガティブな教師や怒っている保護者のせいで。こうした状況に陥ったとき、どうしますか？

しばらくは、こうしたアップダウンを一人で乗り越えていけるでしょう。まずは、家族や友人に話をするといいでしょう。ただ、そのうちこうした不満や争いごとに関しては、教育に携わっている人に相談するとよいアドバイスをもらえることに気づいていきます。似たような教育哲学を持っている人、そしてこれは大事なことですが、親身になってくれる人、あなたが信頼できる人に相談しましょう。

私たちはこうした特別な教育者たちを「エンパワラー」と呼んでいます。これは私たちの造語なので、意味を説明します。

エンパワラーとは、自信、幸せ、力をもたらす人。

真のエンパワラーは、貴重なギフトなのです。いったい、どこにいるのでしょうか？

エンパワラーを見つける

学校が始まる前の期間は、新任教師にとってエンパワラー探しを始めるのにもってこいです。新年度に向けてあなたも、皆もワクワクしています。

あなたは少し緊張しているかもしれませんが、学校にはあなたに会えるのを楽しみにしている人たちがいます！　新しい教師は、いつの時代も学校における情熱を活性化します。そこに惹きつけられる人は多く、できるだけあなたを助けようとしてくれますし、あなたの持っている知識から学ぼうともしています。この期間を利用して教室環境を考えるのみならず、学校にいる人たちとお近づきになりましょう。

まずは受け持つ教科や学年、チームや部門が同じ先生方との交流から始めることでしょう。一般的には、学校に新たに着任した他の先生方とも交流の機会があります。じっくり話を聞いて観察するのに最適なときです。頭の中でメモを取りましょう。ポジティブなエネルギーをもたらしているのは誰だろう？　新年度にワクワクしている様子なのは誰？　必要なときに手を貸してくれて、落ち込んでいるときに大局を示してくれる人は新任教師にとって大切です。エンパワラーは、一貫してポジティブで、定期的に交流して関わりたいと思わせる人です。

もしかしたら、あなたはエンパワラーを働き始めて初日で見つけられるかもしれません。正式にあなたのメンターとしてついている人であれば理想的です。でも、配属されたチームや部門が、想像よりもサポートしてくれる雰囲気ではなかったとします。エンパワラーを与えられなかったのなら、探す必要があります。あなたを引き上げてくれる、似たような考え方をする人は、隣のクラスにはいないかもしれません。だとしたら、どうやって見つければいいのでしょう？

探してみる場所は4か所あります。

①学校、②地域、③外部の講習、④ソーシャル・メディアです。学校が始まる前の期間については触れましたが、他にはどんな出会いがあるのでしょうか。学年や教科、チームの違う教師と

お近づきになる機会を活かしましょう。ランチタイムや共通の計画タイムが同じ教師はどうでしょう？　ほとんどの教師は、何らかの委員会に参加することになっています。こうした委員会は、ふだん顔を合わせない人と知り合う絶好の機会です。楽観的で、あなたをサポートしてくれる人かもしれません。

地域のイベントにも同じことが言えます。地域全体のカリキュラム作成グループ、地域の委員会への参加、研修の日などは、外部の人と知り合う機会の一部です。全体地域ミーティングにはランチ休憩があるのが普通ですから、他の学校の人たちとランチをするのもいいでしょう。こうした研修で会った人の中に、力をくれる人やサポートしてくれそうな人がいるかもしれません。

外部の講習もいい機会です。他の教師や校長に地域の教育関連イベントについて尋ねてみましょう。グーグル検索で、自分の興味やスケジュールに合うものを探しましょう。初年度に代理の先生を頼むのは、気後れすることもあるものです。なるべく週末に開催されるものを選ぶと気が楽でしょう。こうしたイベントを勧めるのは、情熱や愛情、やる気のある人たちが集まるからです。すばらしい学びの場であり、刺激を受けられます。

もし、こうした機会がなさそうでも、まだ手段はあります。最後になりましたが、実はこれが一番いいかもしれません。**ツイッター**です。ツイッターアカウントをつくりましょう（今すぐ！）。ツイッターには、驚くような教育者たちが大勢います。「教育（education）」または

#NTChat（New Teacher Chat）で検索してみてください。大勢の教師や記事、授業計画、刺激的な引用句などがあっという間に出てきます。あなたがどうして教師になったのか、この仕事がどうして大切なのかを思い出すことができます。

誰もがエンパワラーを必要としていて、あなたも誰かのエンパワラーになっているかもしれません！　そうなったら、あなたが自分のクラスの問題を相談して一緒に解決策を考えてもらうのみならず、あなたも相談を受けるようになります。

覚えておくべきは、その人たちはあなたのカップを空っぽにするのではなく、満たしてくれる存在だということです。あなたがエンパワラーになったときもそうしましょう。**協働して安全でポジティブな教育の関係性をつくり、大変な時期を乗り越え、いい時期を一緒に喜びましょう。**

他の人たちはどうなの？

大変な状況になってきたとき、いつでもあなたが一番に相談するのはエンパワラーです。でも、学校の他の人たちも、教育者としてのあなたが成長するのに、大きな力となってくれます。それぞれに優れたスキルを持っていて、あなたが学び、取り入れられるものもたくさんあります。たとえば、学級経営はそんなに得意ではないものの、遠足の準備は非の打ち所がない先生や、教えている教科は違っても、構成力が見事な先生など。ぜひ、そのスキルを学びましょう。こうした先生方はあなたのエンパワラーではないかもしれませんが、もたらしてくれるギフトに感謝しましょう。

幸いにも、学校の先生の大半は、あなたがプロフェッショナルとして成長するのに役立つ視点やアイデアを持っています。そして、あなたから相談すれば、喜んでシェアしてくれます。

残念なことに、少数ながら必ずしも利他的な目的を持っていない同僚もいるでしょう。いわゆる２％の人たちで、大多数の学校にいます。彼らが力を持ちすぎると、学校のモラルは損なわれます。この２％の教師は度々、声高に不満を口にする傾向にあります。また皮肉にも、一番働いていないこともあります。職員会議でも居眠りしたり、メールしていたりするのを見かけます（そもそも出席していないことも）。さらに、密かに他人（子どもを含む）が失敗するのを望んでいる場合もあります。自分のクラスがうまくいっていない理由づけのために。

こうした教師たちはネガティブで、不平を言い、もしかしたらあなたを仲間に入れたがるかもしれません。あなたが目指すべきは、いつでも愛想よくしつつ、決して同じ振る舞いをしないことです。ポジティブで強くいましょう。それが子どもたちのためです。２％の人を避けるよう心がけ、エンパワラーとくっついていましょう。彼らを通じてあなたは成長し、なりたいと思い描いていた教師になって、子どもたちにポジティブな影響を毎日与えられるのです。

12

修復を恐れないこと
―子どもたち、同僚、校長

前述したように、あなたは子どもたち一人ひとりと関係を築き、何かあれば修復することに力を注いでいきます。

・でもある日、クラス全員の前で大失態を演じてしまったら？
・同僚があなたに対して腹を立てていたら？
・午後6時に教室で答案用紙を採点しているときに、放課後すぐに職員会議があったことにハッと気づいたら？

人間として、教師として、私たちは失敗するものです。教室で子どもたち全員があなたを見ているときに、失敗することもあるでしょう。あなたが送ったメールが、受け取り手に曲解されることもあるかもしれません。保護者、同僚、校長を怒らせてしまうことも。こうしたとき、とりあえずなかったことにする、考えないことにして逃げるという人もいます。そのほうが楽かもしれませんが、私たちは別のアプローチをとることをおすすめします。

自分の過ちを認めるのは、誰にとっても難しいものです。でもこの職業において、そして人生において、恐れずに修復していきましょう。しかもできるだけ早く！

■ CASE1 ■

最初に挙げる例は、クラス全体の前で失敗したときの修復の仕方です。

金曜日の8限目、アクティビティーを行っているとします。金曜日、しかもハロウィーン前の金曜日です。その日最後の授業ということもあり、子どもたちは落ち着きがありません。あなたは、おしゃべりが目に余る二人の子に軌道修正を促します。また、真面目に取り組んでいる子の態度を褒めます。

それでも、時間が経つにつれ、ざわつきのボリュームは大きくなる一方で、課題への取組はおろそかになっています。誰かが投げた鉛筆が宙を飛んでいきました。何人かの子たちが丸めた紙屑でゴミ箱めがけてスリー・ポイント・シュートを決めようとしています。あなたはいらいらし始め、子どもたち全員に注意を促します。おしゃべりをやめてあなたの方を向くまで、さらに時間がかかります。この時点であなたの我慢は限界に達し、出ているものをすべてしまって机に頭を伏せて、授業が終わるまでの数分感、そのまま静かにしているよう言い渡します。終了ベルが鳴り、子どもたちが教室を出ていった途端に、あなたは後悔し始めます。週末の間ずっと、月曜日にどう対応したらいいのか思い悩んで過ごします。

振り返るにつれ、自分のとった対応について落ち着かない気分になります。確かに子どもたちの態度はよくありませんでしたが、それはお互い様だったかもしれません。月曜日になったら、プロフェッショナルらしからぬ態度をとったことを修正しなければなりません。月曜日に子どもたちが教室に来て始業ベルが鳴ったら、話があると伝えましょう。

金曜日のクラスでのこと、謝りたいと思います。声を荒らげてしまって、楽しいアクティビティーを終了させて、本当にごめんさない。やり方がプロらしくなかったし、先生としてだめだった。もう一つ、皆の態度に先生は傷つきました。先生の言うことを聞かずに物を投げたりして、軽んじられていると感じたからね。これからはお互いに、態度を改めるようにし

ましょう。

スーザン・スコットは『Fierce Conversations（２００４年）』の中で、謝罪と、どう感じたかを伝えることの二点は、関係を修復するのに大切だと述べています。

この例では、あなたは両方行いました。まず、自分の態度を謝りました。そういう態度をとらせたのは子どもたちだったかもしれませんが、自分の対応が不適切だったと言うことで、子どもたちを責めているという印象が和らぎます。

次に、あなたは自分がどう感じたかを話しました。子どもたちの態度が「ひどかった」「ばかげていた」、あるいは「論外」などと断じることをせず、自分の弱いところを見せて雰囲気を和らげました。ネガティブな言葉を聞くと子どもたちは守りに入り、あなたの言葉を聞き流すか、反論しようとします。

追加オプションとして、子どもたちにもどう感じたか話してもらうことも考えられます（スコット、２００２年）。採用するかどうかは、子どもからの答えがあなたの望むようなものでなかったとしても、あなたが適切に反応できるかどうかにかかっています。ですからこの戦略を使うなら、話を引き出して聴くことに不安がなく、自信を持って臨める場合に限りましょう。

クラス全体、あるいは特定の子どもに謝罪すると、一般的な反応は「先生が謝るの、初めて聞いた」です。これはあなたが状況を適切に対処した証しであり、これであなたも子どもたちも前に進めます。

■ CASE2 ■

次の例は、同僚との関係修復です。あなたが送ったメールに対して、同僚の先生が怒っていることがわかりました。思い返すと、イライラしているときに書いたメールでした。読み返してみると、確かに誤解されてもおかしくないような内容で、読んで傷つくかもしれないというのも想像できました。

ここで知らんぷりをするのではなく、その先生に話をしに行きましょう。メールをもう1通送るのは避けます。直接話しましょう。

「ジェナ、あのメールのこと、謝りたくて。書いていたときイライラしていて、ごめんなさい。気分を害するつもりはなかったの。本当に悪かった」。

このように短く、シンプルに。できるだけ速やかに。気分を害している時間が長引くと、謝罪に誠意が感じられなかったり、許すのに時間がかかったりする可能性があります。

■CASE3■

最後の例は、上役に対して謝罪しなくてはならない状況です。職員会議への出席をうっかり忘れていたら？　校長が探しに来るまでじっとしていてはいけません。ここでも、自分から話に行きます。会議を忘れていたと気づいたらすぐにメールを送り、それから直接足を運んで謝ります。

ボイヤー先生、教室で採点をしていて、今日は職員会議があったことに今気づきました。申し訳ございません。恐縮ですが聞き逃してしまったこと、また欠席した埋め合わせにできることがあれば教えていただけますでしょうか。会議に出られなかったこと、本当に申し訳ありませんでした。

翌朝になってもまだ罪悪感があれば、朝一番に再度謝るようにするとよいでしょう。

13

保護者 ―敵ではなく味方

保護者との関わりというのは、教師になるまであまり経験する機会がないのではないでしょうか。研修に組み込まれていない限り、ゼロかもしれませんね。教師になった今、少し怖い気持ちがあるかもしれません。同僚の中には、これまでに経験した苦労を好んで語る人もいるでしょう。あなたが正しい方向にスタートを切れるようにするのが、私たちのゴールです。

知っている範囲で精一杯やっている

どこにいようと、どの学校であろうと、その地域の保護者には一つ共通するところがあります。それは、「知っている範囲で精一杯やっている」ということです。

上位中流階級の愛情あふれる家庭で子どもは二人か三人、両親は仲がよく、子どもを常にサポート。そんな家庭であなたは育ったかもしれません。あるいは、そうではないかもしれません。いずれにしても、家族や子育てに関して、自分がどういう前提で考えているのかを自覚しておくことが大切です。あなたの育った環境がどんなものであれ、クラスにはそれとは異なる環境で育っている子もおそらくいると思います。

「いい保護者」についてあなたが思っているのと違うからといって、その人たちが子どものことを大切に思っていないわけではありません。また、保護者として努力していないということにはなりません。どのような環境であれ、保護者は子どもに愛情を持っていて、知っている限り精一杯やっています。それを忘れないようにしましょう。子どもたちにとって最善の道を望んでいるのは、あなたと同じです。

興味深いことに、保護者と接すると、そのあと子どもたちに対して、より忍耐強くなれることが多いものです。子どもの態度や振る舞いにストレスを感じたとき、保護者と会うと、こう思うかもしれません。「なるほど。どうりであの子が怒りをコントロールできないわけだ」。子どもの家庭環境を知ることで、その子にとっての「ふつう」「適切」は、私たちが思っているものとは違うということに気づけるかもしれません。

関係性が必要となる前に人間関係を築いておく

保護者から連絡があるまで待っていたり、あるいは何か問題が起こって初めてこちらから連絡したりすると、印象がネガティブなものになってしまう可能性があります。教師や学校との接点がネガティブなものだけだと、保護者は積極的に学校と関わりたいという気にはなれません。こちらから働きかけてポジティブな関係性を築いておけば、何か話し合わなければならない問題が発生したときにあまり構えずに済みます。

できれば、学校が始まる前に保護者に電話をするのが望ましいでしょう。手紙かメールでもいいと思います。「お子さんと学ぶのを楽しみにしている」と伝えましょう。年度の初めに、あるいは始まる前に行います。この連絡により、温かく受け入れてもらっていると感じられるようにします。そして、あなたや学校に対してポジティブな気持ちを持ってもらえるようにします。

学校で保護者会などがあれば、その機会を利用して保護者に歓迎の意を伝えるようにします。カリキュラム、評価方法、指導実践に関する説明を行うだけではなく、子どもを任せて安心だと感じてもらえるようにします。どの保護者も、根本的には子どもの面倒をきちんと見てもらえることを望んでいます。

一般的に、保護者が学校や教師から連絡を受けるのは、何か問題があったとき、つまり悪い知らせである場合が多いでしょう。もし、あなたがよいことを伝える人になれれば、信頼を築くことができて、いざというときに役立ちます。仮に初めから気になるところがある子どもがいたとしても、まずはポジティブなところを見つけて、そのことを保護者に電話で伝えましょう。気になることで電話をするのはそのあとです。あらかじめポジティブな話をしておくことで、信頼関係ができるので、伝えづらい話もしやすくなります。

保護者に電話するとき、何て言えばいい？

保護者と接したり電話をしたりするに当たって、どうやって会話を始めればいいのかを知っておくと安心です。ここでは『難しい保護者に対応する（Dealing with Difficult Parents, 2nd Edition）』（ウィタカー＆フィオーレ、２０１６年）から、いくつかヒントを紹介します。この本には、保護者全般、特に難しい保護者とのコミュニケーションについて多くの情報が書かれています。

不慣れなこと、あるいは苦手意識のあることを行うとき、事前にアプローチの仕方を練習しておくと、自信をつけるのに役立ちます。たとえば、初デートに誘うために相手に電話をしようというとき、おそらく緊張したことでしょう。もしかしたら何を言おうか、頭の中で百万回ぐらい練習したかもしれませんね。言おうと思っていることを紙に書いて、さらに話題に詰まった場合に備えていくつかトピックまでメモしていたかもしれません。どういうふうに話し始めるかを決めたら、実際に電話をかけるときに少し自信がつきましたよね。保護者に連絡するのに慣れていない場合、同じ手法が使えます。授業もそうですが、しっかり準備することがいい結果につながります。

伝えようとしている内容がポジティブであってもネガティブであっても、保護者への電話はすべて同じ調子で始めましょう。もちろん自分のやりやすいように行えばいいのですが、基本を押さえておくと応用しやすくなります。たとえば、次のような始め方があります。「ジョンソンさん、こんにちは。スミス中学校の教師、トム・ウォーカーです。ケビンの理科のクラスを受け持っています。お仕事中（お忙しいところ）恐縮ですが……」。伝えようとしている内容がいいことであっても、そうでもなくても、プロフェッショナルなトーンを崩さないことで、保護者と建設的な関係を築くことができます。

会話は毎回違う展開になるものですが、ここではポジティブなお知らせとネガティブなお知らせの2通りの例を挙げます。

ポジティブなお知らせ

「ジョンソンさん、こんにちは。スミス中学校の教師、トム・ウォーカーです。ケビンの理科のクラスを受け持っています。お仕事中恐縮ですが、お知らせしたいことがあってお電話しました。実は昨日のテストで、ケビンの結果が100点満点だったのです！　先週からケビンが本当に一生懸命頑張っていたのを知っているので、嬉しくて仕方ありません」。
※保護者の反応はさまざまでしょうが、会話の終わりはいつでも「どうぞよい1日をお過ごしください」でいいでしょう。

ポジティブな電話は感じよく、手短にします。それだけのことで、その日の皆の気分が少しよくなります。心労が続くようなことがあったとしても、ポジティブな電話をすることで、注目に値するすばらしい教え子がいることを、あなた自身が再認識することもできます。あなたが褒め言葉を口にするたびに気分が上向く人が少なくとも二人はいて、そのうち一人はあなた自身だということを心に留めておきましょう。

ネガティブなお知らせ

「ジョンソンさん、こんにちは。スミス中学校の教師、トム・ウォーカーです。ケビンの理科のクラスを受け持っています。お仕事中恐縮ですが、お知らせしたいことがあってお電話しました。実は昨日のテストで、ケビンの結果が合格基準に満たなかったので、少し心配になってきました。今年度の初めはとても好調だったのですが、段々と課題を提出しなくなっています。私はケビンを信じていますし、このクラスで間違いなく成功できるはずです。ケビンが元の状態に戻れるように、ご一緒に手助けができればと考えています」。

ネガティブなことで電話をするのは、どんなに経験豊富な教師であっても少し臆するものです。不安になるかもしれませんが、三つの点を意識すると生産的な会話に持っていけます。一つ目は、問題を直接的に伝えることです。すぐに要点に入り、あなたが心配していることを強調します。二つ目は、子どもについて何かポジティブな面に触れることです。「アリシアには芸術的な才能がすごくあるのですが、美術の時間に、ノートを取るのに苦労しています。そのことだけで成績が下がるのはもったいないと思うんです。プロジェクトの成果は本当にすばらしいので!」。最後に、その子には成功する力があり、あなたが保護者と一緒にその手助けをしたいと考えていると伝えることです。これから先のことを語ることで、その時点までに起こった出来事に対するストレスが和らぎます。「いい方向に変えていきましょう」と言うと、教師、保護者共に合意しやすくなります。

すぐに問題を伝えて、その子のよい点にも触れ、「一緒に解決策を見つけましょう」というように話をすると、大抵は保護者も話し合いに応じたり、続けて話を聞いてくれたりします。こうした話し合いはとても有効で、すぐに気になっていた問題が解決する場合もあります。保護者自身が問題について子どもに話してくれる、家で子どもに効果のある方法をあなたに教えてくれる、あるいはあなたが解決に有効だと思う方法をとってくれて構わないと言ってくれる、などの効果が現れてくるでしょう。

電話をかける前に、あらかじめ対処法のアイデアを一つ二つ考えておくといいかもしれません。ここで、ケビンのテストの結果が悪かった例に戻りましょう。問題について説明した後、こう言うタイミングがあると思います。

状況を改善するのに提案があるので、ぜひ、ご意見を聞かせてください。まず、私は火曜日と木曜日、朝授業が始まる前に時間が取れます。もし、ケビンが個人レッスンを受けたいということであれば、喜んで教えます。もう一つですが、私は追試を認めています。追試を受けるのに必要な課題をメールでお送りすることもできます。いかがでしょうか。どちらか、試してみていいもいいと思われますか?

アリシアの例は、懸念事項があるので早めに解決しておかないと、問題が深刻になってくる可能性がある、ということを伝えようとしているものです。

アリシアには、メモをとるときには教室の前の席に座って、私がよく見てあげるようにしようと思います。もし、それでも効果がないようなら、ノートをきちんと取れるようになるまで、うしろにある〝安全シート〟への移動も考えています。状況を共有しておきたくて連絡しました。解決したら、またお知らせします。

状況は違いますが、どちらのケースでも問題を明確にした上で、あなたが子どもの成功を願っていること、解決に向けての選択肢やどんな取組を行っているかを伝えています。

悪いお知らせの場合、気をつけることがもう一つあります。それはできれば子どもから伝わる前に、あなたが保護者に連絡するということです。自分の子ども時代を思い出しても想像がつきますが、何か悪いことをしたとき、子どもは話を少し変えてしまうことがあります。それを聞いた保護者から連絡があったとしたら、こちらは守勢にまわってしまうかもしれません。そのため、こちらから先に連絡をして、あなたがどう見ているかを伝えるのが大切です。こちらからかける電話は、私たちの強い味方です。

プロフェッショナルな対応をしても、難しい話題の場合、その電話がうまくいかないこともあるでしょう。保護者はあなたに腹を立てているのかもしれませんし、子どもに対して、あるいは自分の生き方に対して不満を抱えているのかもしれません。そうしたことを紐解くのは大変かもしれません。でも子どもたちや同僚に対しても同じですが、保護者に対してもこちらから遺憾の気持ちを伝えるのが有効だと覚えておきましょう。保護者が怒っていたら、こう言うことができます。「あんなことになって残念です」。過ちを認める言葉ではありませんが、「共感」を示すことで関係性を前に進めることができます。「私が間違っていました」というのは強力ですが、言うのは、あなたが本当に間違っていたときだけに留めるべきです。「あんなことになって残念です」のほうが広く使えます。テストでカンニングをした、他の子をいじめたなど、明らかに子どもが悪い場合でも、あなたが残念に思っているのは本当のことです。そう言うことで、どちらから最初に連絡を取ったにしても、生産的に関係性を築くことができます。

SECTION 4

内省し、磨きをかけ、成長しながら旅を続ける

14 軌道修正

新年度の前に時間をかけて一生懸命準備したとしても、すべての状況を予想しておくのは不可能です。私たちは手順をイメージし、起こりうることを想定して教室をしつらえます。でも、何かが起こるのです。学級開きで子どもたちが教室にやってくると、想像もしていなかったことが繰り広げられます。パニックになりかけるかもしれませんが、落ち着いてください。これはごく普通の、どの教師も体験していることです。むしろ変更が必要だと感じることが何もなかったとしたら、そのほうが問題なくらいです。そして、変更を加えるレベルの状況もあるので、本当に何が必要なのかよく考えるようにしましょう。行動するのは大切ですが、過剰に反応するのはよくありません。

成果を上げる教師は、毎日、教室での出来事を振り返ります。自分がどこに立っていたか、声のトーンはどうだったか、説明や指示がわかりやすかったかどうか、など。変化を加えようとするときには、二つのレベルで考えましょう。一つは私たちが「微調整」と呼んでいるもので、もう一つは「リセット・ボタンを押す」です。どちらも大切ですが、アプローチの仕方が違います。早速それぞれ見ていきましょう。

微調整

ジョンソン先生は、3時限目のクラスの始まり方に満足していません。子どもたちは騒々しく教室に入ってきて、集中させるまでも乱闘のようなものです。他に受け持っている四つのクラスは、まったく違います。子どもたちは期待されていることをすんなり理解しているようで、彼自身もにこやかに教室に入ってくる子たちを迎えています。他の四つのクラスではうまくいっているので、手法もある程度有効そうです。でも3時限目のクラスに対しては、何かを変えなければなりません。

クラス全体に対して、「もっとちゃんとするように話をするのはどうか」とジョンソン先生は考えました。でも、よく考えてみると騒いでいるのは全員ではないので、全体の話し合いが適切ではない気がしてきました。個別指導も考えましたが二、三人なので時間がかかりますし、それで関係性がよくなるかどうかも疑問でした。そこで、子どもたちに対して態度を改めるよう言うのではなく、まずは自分の態度を変えてみることにします。次の日からジョンソン先生は、3限目のクラスの子たちをドアのところで出迎えることにしました。教室に入る前に笑顔で声をかけ、ホワイトボードに書いてある指示を読んで作業にかかるよう伝えます。

この手法は微調整です。あなた自身は態度を変えますが、子どもたちには特に何も伝える必要はありません。

あなたの期待値が変わったことには気づくでしょうが、あくまでポジティブな調子なので、自分たちの態度が悪かったせいだとは思わないでしょう。あなた自身の態度の微調整で、問題行動を防ぐことができます。

微調整のいいところは、特に制限なく1年を通じて、またあなたのキャリアを通じて何回でも使えることです。ぜひ、活用してください。サッカーチームが試合のハーフタイムで戦術を調整するように、私たちも常に状況に応じて調整を加えるべきです。仮に、ジョンソン先生の新たなアプローチがうまくいったとしましょう。でもまだ席についてからおしゃべりをしている子たちが目につきます。ここで、再度微調整を行います。２か月ほど席替えをしていなかったので、翌日に出迎えるときに、それぞれ新しい席を見つけて座るよう伝えます。「どうして席替えをするんですか」という質問が出たら、「少し気分を変えてみようかと思って」「次の単元のディスカッション・グループをつくるのにこのほうが都合がよくてね」などと軽く応じます。繰り返しになりますが、本当の理由を子どもたちに伝える必要はないからです。

小学校の教師は、１日の中での子どもたちの変化により気づきやすいかもしれません（例：ランチの後、休み時間、体育の時間、体系立った読み書きの時間など）。何か改善したほうがよいことに気づいたら、ぜひ、微調整を行ってください。たとえば、静かな音楽をランダムに流すようにしつつ、実は体育のある日に意図的に流すなど。必ず、微調整の後に変化が現れたかどうかを観察しましょう。何が効果的か、参考になります。とはいえ、何か一つの方法が必ずしもうまくいくとは限りません（さらに調整が必要になるかもしれません！）が、こうして少しずつクラスをポジティブな方向に進めていくことができます。

ここまで実行してみても、もっと劇的な変化が必要なケースもあると思います。はっきりとした直接的なコミュニケーションを子どもたちととるべきときです。微調整は、必要に応じて適宜行うものだと覚えておきましょう。もっと大きく変えなければならないことがあるときは、次のオプションとして、リセット・ボタンを使います。

リセット・ボタン

初年度に向けてどんなに準備を重ねても、物事がうまくいかなくなるときがあります。2週目、2か月目、あるいは2学期のスタートに、なんとなく違和感を抱くようになるかもしれません。微調整を加えますが、問題が一つだけではない場合はどうしましょう？　次第にクラスをコントロールできなくなってきていると感じていたら？　よくならずに、どんどん悪くなっていたら？

最初に決めたルールについて後悔し始めたら？　最初は子どもたちの調子が悪いとか、自分の気分のせいだとか思い込もうとするかもしれませんが、それはいつまでも続きません。どうすればいいのでしょう？　リセットすべきときだと、どうすればわかるのでしょうか。

リセットすべきと判断するときは、たとえば新年度から1か月が経って、子どもたちが鉛筆削りを使いすぎるようになったときです。使いすぎとは、授業中にふと見ると鉛筆削りに子どもたちが群がっているようなことです。ペンを削ろうとしている子もいるくらいです。それにあなたが質問をすると、手を挙げずに口々に答えを言うようにもなってきました。マーティーズとラクエルは、どの質問にも「21」と叫ぶのを面白いと思っているようです。5分の休憩の後、授業が始まって2分で子どもたちはトイレに行きたいと言い出します。授業が終わるまで待つべきだとわかっているのに。自由に席を立ってゴミを捨てに行くようになり、その途中で他の子にわざとぶつかったりしています。見て見ぬ振りをすることで、こうしたことがすべてなくなることを望んでいましたが、むしろ子どもたちの行為はエスカレートしているようです。ある疲れた金曜日、あなたは「もう耐えられない、自分のクラスを取り戻したい」と思いました。

微調整をしようと考えますが、もうそれでは無理だと気づきます。自分で思い描いていた教師象とかけ離れてしまっているのです。もし、こうした状況になっていたら、「リセット・ボタン」を押すときです。「微調整」と「リセット」の差は大きいのです。

1　微調整には回数制限はありませんが、リセット・ボタンは一つ（あるいは二つ）しかありません。
2　微調整は、教師が自分の態度を変えるために行うささやかな調整です。リセット・ボタンはクラスに対して明確にするもので、子どもたちにも態度を調整してもらう大きな変更です。
3　微調整は、ドアのところで子どもたちに挨拶をして迎えたり、授業の始めにウォームアップを行ったりすることです。リセット・ボタンは、複数の新しいルールや期待、さらに／または伝えておくべき大幅な手順の変更です。

リセット・ボタンを押すタイミングとしては休暇の後、連休の後、あるいは月曜日が考えられます。場合によっては、学期の切れ目でクラスのメンバーが変わるなど自然体でいい区切りのタイミングがあるかもしれません。どういう変化が必要なのか、あなたがじっくり考えたのなら、どのタイミングでも大丈夫です。リセットをするときは、うまくいっていない箇所をすべてリセットしましょう。変更を加える機会はもうないかもしれませんし、子どもたちのせいにすることは絶対にできないからです。リセット・ボタンを押すときは、「フレッシュなスタート」を切りたいのです。この新しいフェーズを「君たち、ひどかったから」などという言葉で始めたとしたら、あなたや子どもたちにとって新たなスタートになるでしょうか？

リセット・ボタンを押す方法を、これからお話しします。

問題を特定する

まず行うべきは、何が本当に問題となっているかを特定することです。クラスで、あなたがうまくいっていないと感じていることは何ですか？ 小学生を受け持っているのなら、問題は1日中、あるいは午後だけでしょうか？ 自由に作文を書く時間は集中して取り組んでいるのに、算数の時間になるとふざけ始めますか？ 具体的な時間帯や場所を特定しましょう。あなたが教えられなくなり、子どもたちが学べなくなるのはいつ、どこでですか？ 中学校なら、苦労しているのは全クラス／時間／時限なのか、そのうち一、二つだけなのか見極める必要があります。特選クラスでは皆が課題に取り組むかもしれませんが、中学1年の通常のクラスで同じ手順や仕組みでは、うまくいかないかもしれません。

問題を特定したら、次はどうしてそうなっているかを考えます。あなたが「嫌だな」と思う態度を特定し、原因を考えましょう。うまくいっていないことのリストができるかもしれませんし、大きく変えなくてはならないものが一つだけわかるかもしれません。たとえば、4時限目のクラスをまったくコントロールできていない、と感じていたとします。振り返りと観察を行い、問題の根っこには二つのことがあると気づきました。授業中、子どもたちが好きなときに席を立つことと、補習課題に取り組み、提出することです。好きなときに席を立つのが問題になるとは考えていませんでしたが、ある子は1時間で14回もゴミを捨てに行っていて、皆の集中力に影響が出ています。また、高校1年生が遅れていた課題や補習課題を提出するのに、問題が生じるとは思ってもみませんでした。でも、あなたは成果を上げる教師になるのを妨げている原因に気づき、しかもすぐに何かを変えないといけないことがわかりました。

何を変えなければいけないかを決める

この時点で、教室の手順や学級経営について書かれた項を読み返すのもおすすめです。あなたはこう思っているかもしれません。「もう全部やった。明確なビジョンを描いて、計画も立てた」。何が違うかというと、今は自分の教え子がいるということです。そして、教師としての自分をもっとわかっています。騒音や子どもたちの態度に対して、どのくらい耐性があるかも。

そこで自問してみましょう。何か欠けている手順、取り入れるべき手順はありますか？　期待していると言いながら、強化してこなかったものはありませんか？　教室のルールで足すべき、あるいはなくしたほうがいいものは？　あなたの状況はこのどれかに当てはまるかも、そうでないかもしれません。いずれにしても子どもたちの問題行動の原因を考えて、修復するための行動計画を立てましょう。

前に挙げた例に戻りましょう。問題は二つ。子どもたちが授業中に席を立つことと、遅れた、あるいは補習の課題に対する手順がないことでした。そこで一つ考えられる適切な方法は、新たなクラスのルールを設定することです。題して「席を離れるときには手を挙げる」。もし、一貫性のあるペナルティを課すことができていなかったのなら、ルールに従わなかったときにはどうするかも明確にしておかなければなりません。もう一つの課題についても、新たにわかりすい手順を導入します。授業を欠席したり、遅れて課題を提出したりしなければならない場合、授業の最初の時間を使わないようにします。

新たなビジョンを導入する

新しいビジョンを描いたら、新しく期待することも出てくるかもしれません。新しいルールも、新しい手順も必要になるかもしれません。三つすべてかもしれません。あなたは時間をかけて問題を特定し、望む通りのクラスに生まれ変わらせる準備ができました。子どもたちが学べる、あるべきクラスです。このビジョンにたどり着くまでにしっかりと時間をかけましょう。

リセット・ボタンを押せるのは1回（あるいは2回）だけだということを忘れずに。これは一大事ですから、万全に準備を整えて臨みます。月曜日か金曜日、連休のあとや長い休暇のあとだといいかもしれませんが、あなたが考え抜いて、自信を持って正しく紹介して実行できるようならいつでも構いません。どんなルール、手順、期待であっても、あなた自身の行動によって守られなければなりません。

月曜日になりました。週末の間、ずっと新しいクラスの計画を立てていました。本書を部分的に読み返しもしました。新しいルール、手順、期待を明示的に書き記しました。どうやって実行して維持していくかについても考えました。イメージ通りの行動をとった子どもを褒めようと決めています。新しい期待にそぐわない子に対しては、修正の支援をしていくつもりです。子どもたちに、新しいビジョンを紹介する準備ができていると確信しています。

子どもたちが教室に入ってきたら、あなたは変更について説明します。たとえば、こんな調子です。「週末、私たちのクラスのことを考えていたんだけど、学びの環境を変えるのにいいタイミングだと思って、いくつか新しい手順を取り入れることにしました。みんなに紹介するのが楽しみです。全員で力を合わせて、最高の環境にしましょう。では、いきますね。私が考えたのは…」。ここで変更することを紹介します。

ここで大切なのは、あなたが楽しみにしていること、今後について揺るぎない自信を持っていることが伝わることです。リセットの前は、子どもたちの振る舞いに対してものすごく不満だったかもしれませんが、誰のせいでそうなったのか考えましょう。クラス全員がチームで、一緒に成功を目指しているのです。過去についてはあまり触れず、よりよい未来のために素早く修復に向かいましょう。

さて、子どもたちにリセットの話をしたからには、維持していかなければなりません。新たな手順や期待を守ります。何があっても強いあなたでいましょう。子どもたちは前の状態ややり方に戻ろうとするものです。あなたは一つひとつの状況に対して反応し、正しい方向に軌道修正します。必要なときには、ペナルティを課します。鍵となるのは一貫性です。

以下は、一貫性を保つ方法の例です。

1　リセットの日、「授業中にいきなり大きな声で答えを言うのはもうなし」とあなたは言います。答えでも質問でも、何か発言することがあるときにはまず手を挙げること。授業開始から5分、あなたの質問に対しジャレアが正しい答えを大きな声で言いました。ここでは、絶対に注意しなくてはなりません。「ジャレア、正解よ。すばらしいけど、答え方が私たちの新しい期待には沿っていなかったよね。もう1度試してもらえる?」。手を挙げるよう促し、彼女を当てます。そして、手を挙げてくれたこと、正解したことに感謝します。

2 15分後、あなたが質問すると、15人が手を挙げました。でも、まだ大きな声で答えを言った子が3人いました。ここでは正しいやり方をした子を褒めて当てます。「ジョージ、手を挙げてくれてありがとう! どういうふうに考えた?」。

3 授業が終わるころには、ほとんどの子が理解したようです。でもアンソニーがまだ大きな声で発言しているのに気づきました。授業時間の残りはあと1分というところ。彼の側まで歩いていき、かがんで言います。「授業の後、残ってね。少し話があるの」。他の子どもたちが退出した後、アンソニーの行動に対して真面目に話をしなくてはなりません。「アンソニー、新しい手順を守るのに苦労していた様子だったね。手を挙げるのは、確かに大変かもしれません。特に答えに自信があるときには。でもそうすると、考えている他の子たちの邪魔をすることになるの。明日同じことがあったら1回は注意します。でも2回目に手を挙げずに発言したら、バディ・ルームに行ってもらいます。何か聞きたいことある？」。手を挙げないからといってアンソニーをその場から退去させるのは、極端だと思われるかもしれません。ですがこの変更はあなたが指導するために、子どもたちが学ぶために必要なものです。忘れないでください。あなたはクラスのコントロールを失っていたのです。子どもたちに真面目に取り組んでもらえるように、あなたも真面目に取り組まなければなりません。翌日、あなたは教室に入る前にアンソニーに話しかけるようにします。「アンソニー、今日は手を挙げるのを忘れないでね。クラスにとどまって、あなたの考えや正しい答えを聞かせてほしいの」。

このリセットを2週間維持できたら、物事は時計のように自然と進み始めます。最初は意識的に厳しくしなくてはならないかもしれませんが、あなたが指導し、子どもたちが学ぶために必要なことです。期待値を下げるのはいつでもできますが、逆は難しいものです。

リセット・ボタンを使えるのは1年に1回（あるいは2回）だと覚えておくのは大切です。力強いツールですが、使う度にその力が弱まっていきます。「リセット」を1回だけ行えば、子どもたちは真面目に取り組んでくれます。あなたは、クラスの体系を根本的に変えようとしているのです。これは大変なことです。まったく新しいクラスに変わるようなものです。2回目のリセットを行えば、どうしてそんなに変更するんだろう、と思うでしょう。3回目になると、もはや冗談だととられてしまいます。「リセット・ボタン」は慎重に考えて、しっかり準備をして押すようにしましょう！

15 スポンジになろう

吸い上げよう

新任教師にとっては、毎日が新しいことばかりです。ミーティングにチーム、カリキュラム、同僚との交流、子どもたちとの交流など。学校での出来事は、すべて学ぶチャンスだと考えるようにしましょう。初年度は「吸収」を心がけます。スポンジになりましょう。

他の人たちを観察する

「吸い上げる」には、他の教師たちに授業を見学させてもらうのも一案です。授業の始め方、終わらせ方は？　別の活動に移るときにはどうしている？　子どもたちに対して、どんな言葉遣いをしている？　態度を修正するときには？　自分のクラスを受け持っているからといって、他のクラスの見学はもうしなくてもいい、ということにはなりません。同僚がどのように対応しているか見ることで、さまざまな気づきがあると思います。**中学校の先生は小学校の先生に多くを学べますし、逆もまた然りです。**

たとえば、ある中学校の教師が幼稚園を見学したときのことです。子どもたちは廊下をきれいに1列になって静かに歩いていました。「これはすごい!」とその教師は驚きます。子どもたちを静かに真っすぐな列にするのがいかに大変か、身をもって知っているからです。

そこで、教師がどういう指導をしているのか、じっくり観察しました。すると、注意の仕方に発見がありました。クラスの子たちは、階段を上る順番待ちで立っていました。一人の子が、自分の前の子の髪を触ろうとしました。気づいた教師は、こう言いました。「コルテス、今しようとしたこと、残念だわ」。コルテスは、すぐにやめて、頭を下げました。そのとき、中学校の教師も、自分が小学校2年生のときに人の髪を触って注意されたことを鮮明に思い出しました。すごく恥ずかしかったことも。先生のこの何気ない一言で、幼稚園児が恥ずかしくなって、すぐに反省したなら(そして何もしてない大人までもが同じように感じたなら)、この注意の仕方を自分の受け持っている生徒にも応用できると思いました。そして、実際にうまくいきました。こうした些細な気づきが、発想の転換につながることがあります。

ミーティングに参加する

知識を吸収できる二つ目の場は、ミーティングです。

同僚やリーダーの話をよく聞きましょう。身近にいるプロから学べることはたくさんあります。わからないことがあれば、躊躇することなく質問しましょう。疑問に思ったことを書き留めておいて、あとで確認するのでも構いません。無理からぬことですが、同僚や上役の教師は、1年目のわからないことだらけの状態を覚えていないかもしれません。教師として、私たちは子どもたちに「馬鹿げた質問などない」と教えています。大人でも同じです。教師になったからといって、すべての問いに対して答えを持っているわけではありません。

1年目は、教師というよりは生徒のように感じることもあるでしょうが、それはまったく悪いことではありません。その状態を受け入れましょう。あやふやなことを質問したり確認したりするほうが、すべてをわかっている振りをするよりずっといいのです。ベテランの先生でも、校長であっても、すべてを知っているわけではないのですから。

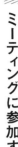

あなた自身も見られるように

新任教師として成長するのに最適な方法の一つは、見てもらってフィードバックを受けることです。学校によっては、定期的に授業を見てもらう仕組みが整っているかもしれません。そうでなかったとしても、校長や同僚、あるいは別の学校の先生に授業を見てもらうといいでしょう。最初は怖いと感じるかもしれませんが、あなたが思いつかなかったようないい授業の始め方があったとしたら？　あなたが指導に集中していて気づかなかったけれど、後ろの席の子が上の空だったら？　子どもたちの理解度を手早く測る、もっといい方法があったら？　こうしたことを知りたくはないでしょうか？　できる限りベストな状態になりたいと思いませんか？

もし特にアドバイスがほしい、改善したいと思うことがあれば、それを事前に伝えておくといいかもしれません。そうすれば、特にその部分を注意して見てくれます。そして、フィードバックを受けるときには、あらゆる意見に対してオープンでいましょう。すべての意見に同意できなくても、それは構いません。それでもさまざまな視点からのフィードバックは、あなたの成長につながるはずです。フィードバックは怖いものではありません。あなたが試してみることのできるアイデアや提案、テクニックなどに耳を傾けましょう。

ノーと言うのを恐れない

最後に、スポンジ・アドバイスとして大切なことを言います。それは「無理をしすぎないこと」です。もちろん新しいことを試してみる機会があれば、基本的に挑戦してみることをおすすめします。新しい委員会への参加、放課後のボランティア活動など、教室の外に活動の場を広げるのはいいことです。学校の制度への理解が深まったり、新たな人と出会ったり交流したりすることもできます。

ただ、新任教師にとって「ノー」というのは、想像以上に難しいことなのです。まず、あなた自身がワクワクしているからです。周囲を喜ばせたい、子どもたちと一緒にいたい、いい先生になりたい、という意欲に満ちています。そうした思いがあなたを教師の道へと駆り立てたのです。二つ目に「ノー」と言ってはいけないのではないか、という思いがあるからです。断ったら怒られるのでは？　授業を計画して、成績をきちんとつけて、さらに四つの委員会に参加しないと校長に怠け者だと思われるのでは？

あなたは、自分にとってベストな行動をとるべきです。

そして、子どもたちにとってもベストな行動です。この二つは、綿密に結び付いています。他の先生方も理解してくれるはずです。大切なのは、子どもたちのことを一番に考えることです。

教室外の活動を行うのに躊躇することはありませんし、逆に自分が限界だと感じたら「ノー」ということを恐れてはいけません。何が最善かは、あなた自身がわかるはずです。

自分のクラスに関しても、やることを増やしすぎる場合があります。教師として、「するべきことリスト」が永遠に終わらないような錯覚に陥ることはないでしょうか。一つをクリアしたら、新たに三つ加えることを繰り返して…。新任教師の場合、リストの中での優先順位を把握しきれていないこともあり、さらに大変さが増します。一つ片づけたと思ったら、30ものやるべきことを新たに追加してしまうのです。1年目には、あらゆることが大切に感じるためです。

そこで、物事をシンプルにすることを考えましょう。たとえば、評価。あなたの負担が過剰にならないよう、工夫できることはないでしょうか?

以下に例を挙げます。

1 出した宿題のすべては採点しない。
2 出した宿題が本当に必要かどうか見直す。
3 子どもたちに、ペンで自己採点をしてから提出してもらう。
4 子どもたちがウォームアップをしている間に、名簿を持って教室内をまわって宿題をやってきたかどうかチェックする。評価は完了したかどうかのみ。
5　クイズやテストの一部をコンピュータで行い、自動的に採点まで実行できるようにする。

放課後のあなたの負担を減らすために、日中子どもたちに作業をしてもらえることはありませんか？

以下、子どもたちに行ってもらえることの例です。

1　用紙を配る（採点した宿題、楽譜、問題プリントなど）。
2　活動の準備（グループ用に教材を集める、カードを切り取るなど）。
3　教室内の棚を整理する。
4　教室のツイッターアカウントを運営する。
5　活動の後、教材を回収する（糊、ハサミなど）。
6　床のものを拾う。
7　鉛筆を削る。

どこかの時点で、あなたは自分自身の仕事から離れることを決断しなくてはなりません。やるべきことリストがゼロになることはありませんし、任せることに早く慣れれば慣れるほど、よい状態でいられます。自分自身をケアできなければ、子どものケアも十分にできなくなってしまいます。

心身共にバランスのとれた状態を保てるよう、きちんと自分を労わるようにしてください。子どもたちにふさわしいのは、最高の状態のあなたです。

16

いつでも始まりはあなた

教えることは、とても魅力的です。学校での校長の存在感や、恩師が子どもたちに与えた影響などが思い浮かびます。議会や教育委員会からの意見を耳にして、教師の仕事について考えたりすることもあるでしょう。教育長や教育委員会の行動が、あなたの学校の教師にどういう影響を及ぼすかが話題になることもあるかもしれません。それでも教室の中で最も重要な人物は、教師です。これまでもずっとそうでしたし、これからもそれは変わりません。

クラスの子どもたち全員が、愛情豊かな安定した家庭の子であれば素敵です。全員が学年平均、あるいはそれ以上の読解力があり、心から楽しんで学校に通ってくれたらいいですよね。今年のすべての子どもたちの態度や資質が素晴らしくあることを、私たちは望んでいます。給与が3倍に、クラスの人数は半分になることも。でも、それが現実的でないことも、知っています。

優秀な教師がテストやクイズを実施して、子どもたちの出来が悪かったら、彼は誰を責めるでしょうか？　当然、自分自身です。だからこそいい教師なのです。唯一コントロールして変えられるのは誰の態度でしょうか？　それも自分自身です。

逆に、成果を上げられない教師がテストやクイズを実施して、子どもたちの出来が悪かったら誰を責めるでしょうか？　去年の教師、保護者、ネットフリックス、社会全般、離婚率などです。誰か、あるいは何かが変わるのを待っている限り、延々と不満が募り、無力感に苛まれ、絶望感におそわれることになるかもしれません。でも、自分のコントロールが及ばないものではなく、自分自身の問題だと気づけば、希望が湧いてきます。自分次第だと思うと怖い気がするかもしれませんが、やる気も出てくるはずです。

「このクラスは、これまでで最悪だ！」と言う教師は、毎年同じことを言っているものです。つまり、誰かがもっと優秀な子たちを連れてきてくれたら、また一生懸命教え始める、ということです。傍から見ると、おかしいと思えます。あなた自身を、クラスの主要な影響力として認識することは大切です。子どもたちが問題行動を取るのは、反応があるからです。笑いや怒りなどの注目。そして注目するのは、主に教師です。学級経営では学級の部分が肝心です。ほとんどの学校には、決して怒鳴らない教師といつでも怒鳴っているような教師の両方がいます。あなたはどちらの教師になりたいですか？　選ぶのはあなたです。

授業がうまくいかなかったり子どもの態度に不満を感じたりしたら、トイレに行って鏡を見ましょう。答えはそこにあります。教師という仕事には、大きな責任が伴います。同時に大きなチャンスも伴います。この二つをどう扱うかは、あなた次第です。

自分の感覚を信頼する

このセクションでは、教えることや日々教室で起こることは、私たち、すなわち教師次第だということを再認識しました。不思議なことですが、教師というのは実に孤独な職業でありながら、私たちは決して一人ではありません。教室には20～30人ほどの子どもたちが、私たちと一緒にいます。でも、大人で私たちを見てくれている人、必要なガイダンスを提供してくれる人はあまりいないように感じられます。私たちがこのセクションを書いたのは、そのためです。自分の直感を信じるのを、恐れないでください。自分の感覚を信頼しましょう。

「子どもたちに付け込まれているのでは」と感じるときがあるかもしれません。おそらくその通りです。「クラス全体、あるいは特定の子に厳しくしすぎたかも」と感じることがあるかもしれません。おそらくその通りです。「準備した課題に意味がないのでは…、説明がわかりにくかった…、皮肉っぽい言い方をしてしまった…」と思うことも。すべて、おそらくその通りです。

あなたが教師になろうと思ったのは、子どもたちにポジティブな影響を与えるためです。その選択は間違っていません。自分を信じましょう。「一線を越えた」と感じたら素直に謝りましょう。子どもたちの態度が不適切なら、プロフェッショナルな態度でそのことを伝えましょう。そして、すぐに直感が働かなくても、気に病むことはありません。一晩考えて、あるいは数日間じっくり考えた上で、別のアプローチをしても何の問題もありません。

あなたの教室にいて、定期的にアドバイスをしてくれる人は、他にはいません。自分の感覚に頼りましょう。もし、自信がなくて経験のある人に尋ねたほうがいいと感じたら、それもぜひ実践してください。いつでもこうすべきだということや、たった一つの正解、というものはありません。自分を導いてくれるものを信頼しましょう。

同僚が怒鳴ったり、皮肉っぽいもの言いをしたりしたからといって、それが正しいとは限りません。ランチタイムに他の先生たちが校長を批判していても、その輪に入る必要はありません。怒鳴ったら少しの間子どもたちが態度を改めた、あるいは同僚や管理職を陰でからかったら笑いを取れた、という理由で私たちはついこうした行動に走ってしまうことがあります。でも後味が悪いものです。不適切だったと、感覚的にわかるからです。プロフェッショナルらしくなかったのです。場合によっては、修復したほうがいいかもしれません。そしてどんなときでも、次からは違う行動を選ぶよう心がけましょう。教えることは、学ぶことでもあります。教えることは、私たち自身に教えることでもあるのです。

17 次は何？

教師として初めての1年を迎えるに当たって、どんな先生になりたいか、私たちは理想を思い描きます。その理想はどんどん膨らんでいき、学級開きの日を迎えます。そこからは、思い描いていた教師になれるよう、努力をしていくのです。理想の教師に1日目からなりたいと、私たちは皆思っています。でも多くの場合、現実は思っていたより大変だと気づくことになります。絶対にやらないと心の中でリストにしていたことが、だんだんとあなたの行動に表れてきます。

たとえば指導をするに当たり、講義型の指導をメインにするのはやめようとあなたは思っていました。でも、新年度が始まって2か月が経ち、気づくと1時間丸ごと子どもたちに黙ってノートを取らせていました。「怒鳴らない」というのも決めていました。でも、リリーがその日4度目に床を転がり始めたとき、耐えられなくなってしまいました。1日の終わりにデスクにつき、あなたは振り返ります。なりたかった教師と、その日のあなたを。あなたは失敗したのでしょうか？　夢見ていた教師はいつか現れるのでしょうか？　この人物は本当にあなたでしょうか？

教師1年目が完璧でなかったからといって、あなたが教師として失敗したということにはなりません。どんなことでも学び、成長する機会です。あなたの夢見た教師を目指して、努力する機会なのです。

思い描いていた通りの教師になることはできますが、そのためには努力をしなければなりません。大切なのは、夢を現実にするのを、決して諦めないことです。もし、思い描いていた理想とずれてきたと感じたなら、修復しましょう。創造力を働かせてください。教材の内容を伝える方法を、さまざまに考えてみましょう。変化を恐れないことです。初めて子どもを怒鳴ってしまって後悔したなら、延々と落ち込むのではなく、修復の方法を考え、次からはどう対処するかを決めましょう。

こうした状況が、あなたのプロフェッショナルな教師の道に水を差すことのないようにしましょう。その経験はあなたを成長させ、向上させ続けます。私たちは子どもたちに学ぶのを恐れないように教えますが、それはあなた自身にも当てはまります。最高の教師は、最高の学習者です。あなたは、その夢の教師になれます。来年まで先延ばしにするのはやめましょう。今年の子どもたちは今、夢の教師に教わっていいはずです。

自信を持って2年目のスタートを切る

多くの職業では、1年の始まりと終わりが明確にあるわけではありません。オフィス勤務なら、基本的に連続した一つのサイクル、といった感じでしょう。最初につまずいたら、中々修復できないということもありそうです。あなたの顧客はあなたの顧客で、こちらが望んでも新たに1からスタートというわけにはいきません。幸い、あなたは他の職業に就いているわけではありません。

最高の職業、教師です。

学年サイクルをストレスに感じることもあるでしょう。次の休暇に向けての不安、全国共通テストに対する懸念、カリキュラムのプレッシャーなど。でも新任教師にとって、他の職業にはない大きな利点があります。それは、「新たな学年が始まること」です。

初年度の終わりは、自分を振り返るのにいい時期です。よかったことも、後悔したこともあるはずです。年初にもっと明確な期待を設定すればよかった、と思うかもしれません。修復すべきときに、すべて対応しきれなかったかもしれません。おそらくいくつかの授業は、想像していたほどうまくいかなかったのではないでしょうか。2度ほどリセットをしたものの、タイミングが遅すぎて思ったような効果が得られなかったのかもしれません。でも、希望はあります。2年目です！

1年目がどんな指導であったとしても、2年目は自信を持ってスタートしましょう。初日から、子どもたち全員に敬意を払う機会があります。あなたには、子どもたちを惹き込む、文化的にも大切な授業を計画する知識があります。一貫性のある、ポジティブな影響力を持つ存在でいる自信があります。

新たな1年が始まる前に、本書で必要だと思うところを読み返すのもいいでしょう。これから新しい1年が始まると思うとワクワクしますよね。

1年目がどうであっても、2年目の子どもたちは希望と期待に満ちてあなたの教室にやってきます。休みの間、あなたのような教師に会えるのを楽しみにしていたのです。あなたも、彼らのような子どもたちを待ち望んでいました。

すばらしい2年目を！

Kuzsman, F. L. & Schnall, H. (1987). Managing Teachers' Stress: Improving Discipline. *The Canadian School Executive,* 6, 3-10.

Maag, J. W. (2001). Rewarded by Punishment: Reflections on the Disuse of Positive Reinforcement in Schools. *Exceptional Children, 67* (*2*), 173-186.

Marks, H. M. (2000). Student Engagement in Instructional Activity: Patterns in the Elementary, Middle and High School Years. *American Educational Research Journal, 37* (*1*), 153-184.

Marzano, R. J., Gaddy, B. B., Foseid, M. C., Foseid, M. P., & Marzano, J. S. (2005). *A Handbook for Classroom Management that Works.* Alexandria, VA: Association for Supervision and Curriculum Development.

Newmann, F. M., Wehlage, G. G., & Lamborn S. D. (1992). Chapter One: The Significance and Sources of Student Engagement. In F. M. Newmann (Ed.), *Student Engagement and Achievement in American Secondary Schools* (11-39). New York: Teachers College, Columbia University.

Roorda, D. L., Koomen, H. M. Y., Spilt, J. L., & Oort, F. J. (2011). The Influence of Affective Teacher-Student Relationships on Students' School Engagement and Achievement: A Meta analytic Approach. *Review of Educational Research, 81* (*4*), 493-529.

Savage, T. V. & Savage, M. K. (2009). *Successful Classroom Management and Discipline: Teaching Self Control and Responsibility, 3rd Edition.* Thousand Oaks, CA: SAGE Publications.

Scott, S. (2004). *Fierce Conversations: Achieving Success at Work and in Life One Conversation at a Time.* Berkeley, CA: Berkeley Publishing Group.

Wang, M. C., Haertel, G. D., & Walberg, H. J. (1993). Toward a Knowledge Base for School Learning. *Review of Educational Research, 63* (*3*), 249-294.

Wasicisko, M. M. & Ross, S. M. (1994). How to Create Discipline Problems. *The Clearing House,* May/June. Washington D. C.: Heldref Publications. (In K. Ryan & J. M. Cooper (Eds.), *Kaleidoscope: Contemporary and Classic Readings in Education, 12th Edition* (62-66). Belmont, CA: Wadsworth Cengage Learning (2010).)

Whitaker, T. (2012). *What Great Teachers Do Differently, 2nd Edition.* New York: Routledge.

Whitaker, T. & Fiore, D. (2016). *Dealing with Difficult Parents, 2nd Edition.* New York: Routledge.

Beaty-O'Ferrall, M. E., Green, A., & Hanna, F. (March 2010). Classroom Management Strategies for Difficult Students: Promoting Change through Relationships. *Middle School Journal, 41* (*4*), 4-11.

Chang, M.-L. (2009). An Appraisal Perspective of Teacher Burnout: Examining the Emotional Work of Teachers. *Educational Psychology Review, 21*, 193-218.

Cornelius-White, J. (2007). Learner-Centered Teacher-Student Relationships Are Effective: A Meta-Analysis. *Review of Educational Research, 77* (*1*), 113-143.

Dweck, C. S. (2006) *Mindset: The New Psychology of Success*. New York: Ballantine Books.『マインドセット「やればできる！」の研究』キャロル・S・ドゥエック[著]，今西康子[訳]，草思社，2016年.

Emmer, E.T. & Saborine, E. J. (2015). *Handbook of Classroom Management, 2nd Edition*. New York: Routledge Publishing Company.

Fay, J. & Funk, D. (1995). *Teaching with Love and Logic*. Golden, CO: The Love and Logic Press.

Fredricks, J. A., Blumenfeld, P. C., & Paris, A. H. (2004). School Engagement: Potential of the Concept, State of the Evidence. *Review of Educational Research, 74* (*1*), 59-109.

Friedman, I. A. (2006). Classroom Management and Teacher Stress and Burnout. In C. M. Evertson & C. S. Weinstein (Eds.), *Handbook of Classroom Management: Research, Practice, and Contemporary Issues* (925-944). Mahwah, NJ: Erlbaum.

Hamre, B. K. & Pianta, R. C. (2006). Student-Teacher Relationships. In G. G. Bear & K. M. Minke (Eds.), *Children's Needs III: Development, Prevention and Intervention* (59-71). Bathesda, MD: National Association of School Psychologists.

Jones, F. (2013). *Tools for Teaching: Discipline, Instruction, Motivation, 3rd Edition*. Santa Cruz, CA: Fredric H. Jones & Associates Inc.

Kearney, K. & McCroskey, J. C. (1980). Relationships among Teacher Communication Style, Trait and State Communication Apprehension and Teacher Effectiveness. In D. Nimmo (Ed.), *Communication Yearbook 4* (533-551). New Brunswick, NJ: Transaction Books.

Klassen, R. M. & Chiu, M. M. (2010). Effects on Teachers' Self- Efficacy and Job Satisfaction: Teacher Gender, Years of Experience, and Job Stress. *Journal of Educational Psychology, 102* (*3*), 741-756.

左から順に、キャサリン、トッド、マデリン・ウィタカー

トッド・ウィタカー［著］ Todd Whitaker

教育の分野で第一人者として知られており、教育の重要性を説くそのメッセージは、世界中で何十万人もの教育者の共感を得ている。インディアナ州テレホートにあるインディアナ州立大学で教育リーダーシップを指導している教授を務め、教育に対する深い愛情から人生を、成果を上げる教師や校長の研究・調査に費やしてきた。元々はミズーリ州で数学の教師とバスケットボールのコーチをしており、それから中学校、高校の校長を務めた。さらには中学校のコーディネーターとして、新しく開校する学校の人材やカリキュラム、テクノロジーなどを担当した。

スタッフのモチベーション、教師のリーダーシップ、成果を上げる校長について全米有数の権威であり、40冊以上の本を執筆している。主な著書に、ベストセラー『偉大な教師は何が違うのか（What Great Teachers Do Differently）』や『モンキーを移す（Shifting the Monkey）』『難しい教師への対応（Dealing with Difficult Teachers）』『10分間研修（The 10 Minute Inservice）』『ボール（The Ball）』『偉大な校長は何が違うのか（What Great Principals Do Differently）』『教師にモチベーションとインスピレーションを（Motivating & Inspiring Teachers）』『難しい保護者への対応（Dealing with Difficult Parents）』などがある。妻のベスも教師、校長を経て現在はインディアナ州立大学の小学校教育の教授を務めている。夫婦には３人の子ども、キャサリン、マデリン、ハリスンがいる。

マデリン・ウィタカー［著］ Madeline Whitaker

ミズーリ州、スプリングフィールドで中学校の教師をしている。インディアナ州テレホートで育ち、ヴァンダービルト大学ピーボディ教育学部に進学し、初等教育と児童学で理学士号を取得。卒業時にはさらに、初等教育における有望な専門家としてドロシー・J・スキール賞を受賞。コロンビアで教育者としてのキャリアをスタートし、ミズーリ大学で学位プログラムに入学。教育リーダーシップと政策分析で教育学修士号、初等・中等教育の校長資格を取得して卒業している。

キャサリン・ウィタカー［著］ Katherine Whitaker

ミズーリ州、カンザス・シティで高校の数学の教師をしている。インディアナ州テレホートで育ち、教育に携わるという夢をかなえるためミズーリ州立大学に進学し、中等教育の数学教育の理学士号を取得。教師としての最初の３年間は高校で数学、代数、リーディングを教えていた。現在は代数Ａ、代数Ⅰ、代数Ⅱ上級クラスを担当。ノースウェスト・ミズーリ州立大学で教育リーダーシップK-12（幼稚園から高校卒業まで）の理学修士を取得している。

稲垣みどり［訳］ Midori Inagaki

翻訳者。上智大学文学部英文学科卒業。幼少時の大半をヨーロッパで過ごす。日本興業銀行（現・みずほ銀行）を経て外資系金融会社に勤務。主な訳書に『世界最高の学級経営』『図解実践　世界最高の学級経営』『世界基準の教師の育て方』『LAGOM』（東洋館出版社）、『アイコン的組織論』（フィルムアート社）、『最強のポジティブチーム』（日経BP）、『成功する「準備」が整う世界最高の教室』（飛鳥新社）、『ボブが遺してくれた最高のギフト』（辰巳出版）などがある。

Your First Year
How to Survive and Thrive as a New Teacher
Todd Whitaker, Madeline Whitaker and Katherine Whitaker
Copyright © 2016 Taylor & Francis

Originally published 2016
by Routledge 605 Third Avenue, New York, NY 10158
Routledge is an imprint of the Taylor & Francis Group, an Informa business

All Rights Reserved
Authorised translation from the English language edition published by
Routledge, a member of the Taylor & Francis Group LLC,
through Japan UNI Agency, Inc., Tokyo

Your First Year
教師1年目「指導スキルの磨き方」

2023(令和5)年2月27日　初版第1刷発行

著　者　トッド・ウィタカー／マデリン・ウィタカー／キャサリン・ウィタカー
訳　者　稲垣みどり
発行者　錦織圭之介
発行所　株式会社　東洋館出版社
〒101-0054 東京都千代田区神田錦町2丁目9番1号
コンフォール安田ビル2階
代　表　TEL：03-6778-4343　FAX：03-5281-8091
営業部　TEL：03-6778-7278　FAX：03-5281-8092
振替 00180-7-96823
URL　https://www.toyokan.co.jp
［装　丁］　木下悠
［組　版］　株式会社明昌堂
［印刷・製本］株式会社シナノ

ISBN978-4-491-05074-4　Printed in Japan